¿Con quién hablo?

¿Con quién hablo?

Español efectivo para extranjeros no hispano-hablantes en México 1

Patricia Molina Macías

Descarga el audio de la página:
www.cendics.com
ホームページからオーディオをダウンロード出来ます。

CENTRO EJECUTIVO DE IDIOMAS

Número de Control de la Biblioteca del Congreso de EE. UU.:		2015907413
ISBN:	Tapa Dura	978-1-5065-0414-8
	Tapa Blanda	978-1-5065-0415-5
	Libro Electrónico	978-1-5065-0416-2

Información de la imprenta disponible en la última página.

Fecha de revisión: 15/01/2017

©

CENDICS DE MÉXICO
Patricia Molina Macías
Blvd. Manuel J. Clouthier No. 201 Fracc. Lomas del Campestre II Aguascalientes, Ags. 20119 México Tels. 52(449)1710757 y 52(449)1396600 www.cendics.com
patriciamolina@cendics.com

Para realizar pedidos de este libro, contacte con:
Palibrio
1663 Liberty Drive
Suite 200
Bloomington, IN 47403
Gratis desde EE. UU. al 877.407.5847
Gratis desde México al 01.800.288.2243
Gratis desde España al 900.866.949
Desde otro país al +1.812.671.9757
Fax: 01.812.355.1576
ventas@palibrio.com
702917

ÍNDICE

PATRICIA MOLINA MACÍAS

Lic. Patricia Molina Macías nació en la ciudad de México el 9 de Junio de 1962. Mujer, profesionista, madre y emprendedora, se graduó con honores de la licenciatura en pedagogía que ofrece la Universidad Nacional Autónoma de México en 1984 con su tema de tesis: "Propuesta didáctica de ejercicios de redacción para el proceso de enseñanza-aprendizaje del español como segunda lengua". Con gusto también por la danza y los idiomas, emprendió su trayectoria como profesora a temprana edad.

La constante capacitación le permitió tener una amplia formación en la enseñanza del español (además del japonés). En 1994 ya con residencia en la ciudad de Aguascalientes fundó CENDICS MÉXICO, una empresa que proporciona servicios de enseñanza del español a extranjeros no-hispanohablantes, formación de profesores, elaboración y publicación de materiales, etc. En 1997 CENDICS recibe el reconocimiento a nivel mundial por la Embajada de Japón como instituto de idiomas.

En 2002 se integra como miembro de la Asociación ASELE (Asociación para la Enseñanza del Español como Lengua Extranjera) Para 2006 se concreta finalmente el proyecto para la elaboración del Manual de Español Efectivo para Extranjeros "¿Con Quién Hablo?", que comprende 2 tomos, con material auditivo, presentación en CD y MP3. Este material se dio a conocer gracias a la asistencia y participación en el Congreso llevado a cabo en la Universidad de La Rioja, Logroño España. Posteriormente en 2008 la Lic. Molina es ganadora finalista del III PREMIO CRISTOBAL DE VILLALON A LA INNOVACIÓN EN LA ENSEÑANZA DEL ESPAÑOL COMO LENGUA EXTRANJERA por este manual, organizado por la Diputación Provincial, la Universidad y la Fundación Jorge Guillén de la ciudad de Valladolid, así como el Instituto Cervantes y las Academias de la Lengua, España.

En 2008 participó en el Congreso de la Universidad Nacional Autónoma de México, en la Escuela Permanente de Extensión en San Antonio, Texas.

A partir del 2009 y hasta Noviembre del 2014, continua participando en Congresos como el de SICELE organizado por la UNAM a través del CEPE Centro de Español para Extranjeros y de todas sus filiales en Iberoamérica.

Por sus conocimientos en el idioma y en la cultura japoneses, además de su percepción de la necesidad de materiales adaptados a esta cultura, se dio a la tarea de presentar este material bajo la supervisión de traductores especializados.

Cabe señalar que próximamente el material estará disponible con traducciones al inglés.

Si desea contactar a la Lic. Molina puede enviar un correo a:

patriciamolina@cendics.com

パトリシア・モリーナ・マシアス

　パトリシア・モリーナ・マシアスは、１９６２年６月９日メキシコ・シティーに生まれた。専門職を持つ働く女性であるだけではなく、母でもありまた企業家でもある。１９８４年にメキシコ国立自治大学の教育学部を優秀な成績で卒業。卒業論文のテーマは、「第二言語としてのスペイン語教育・学習のための文章作成練習への教育法提案」。同時に、舞踊や複数の言語学習にも興味を示し、若くして教員の道を歩み出した。

　その後も継続的な学習を続けることにより、スペイン語（日本語の他）教育の幅広い知識を身に付けた。１９９４年にアグアスカリエンテス市へ住居を移し、スペイン語を母国語としない外国人のためのスペイン語教育サービス、語学教員の育成、教材の作成・発行などに携わる会社「ＣＥＮＤＩＣＳ　ＭＥＸＩＣＯ」を創立した。１９９７年、ＣＥＮＤＩＣＳに対し、日本国大使館より語学教育学校として感謝状が授与された。

　２００２年、ＡＳＥＬＥ（外国語としてのスペイン語教育協会）の会員となる。２００６年には、外国人への実用スペイン語教本である「どちら様ですか？」を刊行。これは、ＣＤおよびＭＰ３でのリスニング教材を含む２冊から構成されるものである。この教本は、スペインのログローニョにあるラ・リオハ大学で開催された国際会議にて紹介された。更に２００８年には、バジャドリッド市にある、バジャドリッド大学ホルヘ・ギジェン基金、セルバンテス協会およびスペイン言語アカデミーより、第三回「外国語としてのスペイン語教育における革新的活動に対するクリストバル・デ・ビジャロン賞」を受賞した。

　２００８年、テキサス州サン・アントニオ市にある国外校舎にて、メキシコ国立自治大学の国際会議に出席。

　２００９年から２０１４年１１月にかけて、ＵＮＡＭのＣＥ
ＰＥ（外国人対象スペイン語センター）が主催するＳＩＣＥＬ
Ｅおよびイベロ・アメリカにおける全ての関連機関が開催する
会議に継続参加。

　日本語および日本文化への理解と日本文化に適合した教材の
必要性を踏まえ、専門知識を持つ翻訳者の監修の下に本教材の
作成を開始した。

また近い将来、英語版の教材も発刊される予定である。

モリーナ女史との連絡を希望される方は、以下のアドレスまで
メールにてご連絡ください。

patriciamolina@cendics.com

A Dios y a la vida que me han dado más de lo que merezco.
A todos aquellos que han creído en mí, quienes con su
apoyo incondicional han hecho posible este proyecto.
Gracias a los traductores y a sus aportaciones.
A mis queridos alumnos por su amistad y
por haberme enseñado mucho más...

INTRODUCCIÓN

El objetivo general de este material es llevar al alumno a través de 5 Unidades partiendo de temas comunicativos específicos, hacia un español práctico, dinámico, cotidiano, proporcionándole de manera esquemática las herramientas necesarias para una expresión básica, ampliar su vocabulario y adaptarlo a nuestra cultura en corto tiempo.

Es importante que el maestro o la maestra tomen en cuenta la metodología lingüística explicada en la Presentación y que este material parte de que el alumno ya cuenta con un nivel elemental.

Cada unidad está conformada por: Conversaciones, Expresiones y Vocabulario (por orden de aparición generalmente), Verbos, Ejercicios, Resumen de Gramática y Nota Cultural. Estas dos últimas están traducidas al inglés, (por ser hasta ahora el idioma que más se habla en todo el mundo por personas de distintas nacionalidades) y/o al japonés, debido a su gran desarrollo económico en nuestro país. Esperamos en corto plazo, de acuerdo a la demanda, traducirlos en otros idiomas.

Como las unidades parten de un tema específico, todo se relaciona y gira alrededor de ese tema. Sin embargo, en cualquier momento se pueden mezclar en los temas de conversación de acuerdo a las necesidades e intereses de los alumnos.

Muchas de las palabras que se presentan en cada unidad no se encuentran dentro del Vocabulario y Expresiones que están al inicio. La idea es que el alumno recuerde, relacione o los investigue y se recomienda que esto se haga previo a su estudio. Especialmente, si el maestro o maestra no maneja el idioma del estudiante. Están presentadas por orden de aparición, mientras que los verbos están ordenados alfabéticamente. Es muy importante que la persona que toma la capacitación, no trate de traducir literalmente, sobre todo las expresiones y frases que por su contexto muchas veces son difíciles de explicar, incluso gramaticalmente. Se han seleccionado algunas de las más importantes y especialmente complicadas para que el alumno tenga una idea aproximada de lo que significan; el objetivo es que él, aún teniendo un nivel básico, pueda expresarse correctamente, en un lenguaje usual que lo identifique con los mexicanos y con nuestra cultura.

Este material contiene una gran variedad de vocabulario, desarrollado de manera amena y variada por lo que requerirá del estudiante un verdadero compromiso y esfuerzo. Además, en la medida que entienda el español cotidiano, percibirá mayormente su progreso y esto lo motivará a seguir aprendiendo, para que no olvide lo anteriormente estudiado y así, realice repasos frecuentes conforme avance. El maestro puede aprovechar cualquier momento de convivencia para realizar éstas prácticas.

Algunos alumnos han tenido experiencia previa de cursos de español por lo que ya tienen un nivel elemental sin haber estudiado formalmente. En éste o cualquier otro caso, es recomendable revisar el Resumen de Gramática antes de iniciar la Unidad.

Un punto importante que deseo aclarar es la introducción paulatina de la forma "tú". En las primeras unidades se da un mayor énfasis a la forma "usted". Existen dos razones para esto: la primera es facilitarle al alumno la conjugación de los verbos al reducírsela a sólo 4 personas, dos del singular y dos del plural; la segunda es para enseñarle a hablar formalmente mientras adquiere un nivel óptimo de español. Hablarse de "tú" para los mexicanos implica un mayor acercamiento e identificación, pero no en cualquier situación, si tomamos en cuenta que este material está enfocado a extranjeros adultos, es difícil para ellos identificar cuándo sí y cuándo no usar esta forma. En todo momento, el maestro tiene la libertad y el criterio para adaptar esto si la persona es muy joven o así lo requiere.

Finalmente, señalaré lo importante que es en este material la práctica auditiva. Mientras mejor entienda el alumno, mayor capacidad de expresión oral desarrollará.

はじめに

　この教材の目的は、特に話題にしやすいテーマを5つの課に分け、それらの課を通して、基本的な方法で自己を表現し、ボキャブラリーを増やし、短期間で私たちの文化に適応できるようになるための必要な道具として図式的な方法を用いて実践的かつ活動的で日常的なスペイン語を学習者のみなさんにもたらすことです。

　この教科書を用いる教師は、Presentación で説明されている言語学的メソッドに沿って教え、また既に初級レベルの学習者に対してこの教材を用いることが大切と考えます。

　各課は次のように構成されています。会話・表現・単語（通常教科書に出てくる順番）・動詞・練習問題・文法の要約・文化について。

　各課が一つのテーマに限られているため、全ての課はその課のテーマに沿った内容となっていますが、いつでも学習者の必要性と興味に基づいて会話のテーマを混ぜることができます。

　各課に出てくる単語の多くには、はじめに出てくる"EXPRESIONES Y VOCABULARIO "(表現と単語)には取り上げられていないものがあります。その理由は、学習者が授業の前に先に確認して、単語を覚えたり、関連づけたり、調べることをおすすめしたいからです。学習者の言語を教師が話さない場合には特にそのようにしてください。動詞はアルファベット順に紹介されますが、単語と表現は出てくる順番に並んでいます。文法的にも内容的にも説明するのが難しいことが多々ある表現や慣用句全般は、学習者が一字一句訳そうとしないことが望ましいです。使われている単語には、学習者がその大体の意味をつかむため、とても重要な単語、または特に複雑な単語が選ばれていることもあります。その理由は、たとえ学習者が初級レベルであっても、私たちメキシコ人とメキシコ文化の中で使われている言葉によって正しく自分自身を表現することができるようになるためです。

　この教科書が扱う単語は多岐におよんでいます。単語を楽しく増やしていけるよう構成されていますが、学習者の責任と努力も要します。さらに、日常的なスペイン語を理解するにつれ、学習者が自身の向上に気づき、そしてさらなる学習意欲がおきることでしょう。学習者が既習の内容を忘れないことが肝心で、学習が進んでいくにつれて頻繁に復習することが必要です。教師はその復習のための時間を最大限に活用していきましょう。

　学習者の中には、きちんとした形でなくても以前にスペイン語を学習したことがあって、既に入門レベルを終えている人がいます。このような場合には、課の学習に入る前にその課の要約と文法を確認することをおすすめします。

　本書の重要なポイントは、「tu（君；2人称）」形へのゆっくりとした導入です。初めのほうの課では「usted（あなた；3人称）」形に重点を置いています。これには2つの理由があります。1つ目の理由は、扱う人称を単数形2つ、複数形2つの4つだけにすることで、動詞の活用を学習者が学びやすくするためです。2つ目の理由は、スペイン語の最上級レベルに達するまでは、学習者に丁寧なスペイン語で話すことを教えるためです。

　メキシコ人にとって「tu」で話すということは、通常、親近感や親密性を意味しますが、いつでも使えるというものではありません。特にこの教材が大人の外国人学習者を対象にしたものであることを考慮すると、学習者がいつ、どの人称形を使えばよいのかを判断し難いと考えます。しかし、学習者がとても若い年齢、若しくは学びたいという意思を持っている場合は、教師はいつでも自由に基準を設けて調節することができます。

　最後に、この教材でリスニングの練習をする大切さを示唆することが重要です。学習者の理解が向上するにつれて、表現能力の主要な部分が発達します。そのためにCDのリスニング教材を用意しています。

PRESENTACIÓN

La presente obra es el resultado de muchos años de convivencia y enseñanza de nuestro idioma a personas extranjeras no-hispanohablantes. Ha sido motivado, principalmente, por la carencia de materiales en esta área, especialmente del español que se habla en México y que además esté adecuado a las necesidades reales de las personas que vienen a nuestro país y que requieren hablarlo práctica y rápidamente.

Se trata de llevar al alumno desde un nivel elemental hasta un nivel básico alto, de lo simple a lo complejo y de una manera global, es decir, basándose en la lingüística aplicada como una metodología ecléctica que toma lo mejor de las diferentes corrientes.

Todo esto, tomando en cuenta que el estudiante se encuentra en un sistema de inmersión, esto es, que la persona aprende el idioma en el mismo país extranjero donde se habla.

Las áreas que contempla este manual son: comprensión auditiva, producción oral, (a través de los temas conversacionales), ejercicios gramaticales, comprensión de lectura y redacción. Todo esto, partiendo de que el alumno cuenta con un nivel elemental y que, a partir de este material, continuará hacia un nivel básico – intermedio, de manera gradual.

Además, este manual está enfocado hacia personas adultas que trabajan o que mantienen una vida activa en nuestro país. En cualquier caso, se trata de integrar al alumno en situaciones reales y cotidianas, en la vida social, comercial y laboral.

Considerando que el instructor se convierte en un embajador e importante representante, se incluyen algunos datos turísticos, históricos y culturales, esperando que este material contribuya al mejor conocimiento de nuestro idioma y de nuestro país: México.

"...finalmente, todos podemos entender la risa en cualquier idioma"

Patricia Molina Macías

外国人のための役立つスペイン語

紹介

　何年にもわたり、スペイン語を母国語としない外国人の方々と共に過ごし、言語の教育を行ってきました。そしてその経験に基づき今日の実績を残しています。この本を書いた主な動機はメキシコで話されるスペイン語を扱った教材が少なかったことです。したがって本書は、私達の国に暮らし、より実用的に早く言葉を話せるようになりたい方に適した内容となっています。

　生徒さんを初歩的なレベルから初・中級レベルへ、簡単なレベルからより複雑なレベルへとよりグローバルな方法で導きます。現行の異なる言語学の中から最も優れた方法を採用しています。

　生徒さんが言葉に漬かりながら学習するシステム、つまりその言語が話されている国で生活しながら学ぶことを前提としています。

　本書に含まれる内容は、リスニング力、スピーキング力（会話をテーマとしながら）、文法的実習、読解力、作文です。この内容に沿って生徒さんが本書を使って学習を始めることにより、初歩的なレベルから、基礎的レベル～中級レベルへと段階的に進みます。

　さらに本書は私達の国で働く、あるいは生活する大人を対象に書かれています。いずれの場合も生徒さんが一般生活や職場など現実の生活におけるさまざまな場面に対応できるようにすることが目的です。

　指導者が国の大使、あるいは国の代表者として教育できるよう、メキシコの観光・歴史・文化に関する内容もいくつか含まれています。本書がスペイン語のみならず、私達の国メキシコに関する認識を深めていただくために役立つことを願っています。

　"私たちは皆、いかなる言語でも笑いを理解することができます。"

　　　　　　　　　　　　　　　　　　　パトリシア　モリナ　マシアス

UNIDAD 1 PRESENTACIONES

"¡Mucho Gusto!"

Escuche dos veces las conversaciones A y B, sin leer:

CONVERSACIÓN   A

PISTA 02

Srita. Leal: "L"; Sr. García: "G"; Sra. María Luisa García: "ML"

L: Buenos días señor García.
G: Buenos días señorita Leal, ¿cómo está?
L: Muy bien, gracias ¿y usted?
G: Bien, gracias. Le presento a mi esposa María Luisa.
L: Mucho gusto señora, soy Claudia Leal.
ML: Mucho gusto Claudia. Hasta luego.
L: Sí, hasta luego.

CONVERSACIÓN B

Sr. Yamaguchi: "Y"; Sr. Hernández: "H"; Srita. Bety: "B"

PISTA 03

Y: Buenas tardes, señor Hernández.

H: ¡Hola! Bienvenido a México.

Y: Gracias.

H: ¿Conoce a la señorita Bety?

Y: No, mucho gusto.

B: Igualmente.

Y: Me llamo Hiroyuki Yamaguchi.

B: ¿Perdón, cómo?

Y: Ya-ma-gu-chi

B: ¡Ah! Sí, pero… ¿gusta tomar algo? Refresco, agua, café…

Y: Sí gracias, un café, por favor.

B: Con mucho gusto. ¿Con crema y azúcar?

Y: Con crema, pero sin azúcar, por favor.

B: Sí cómo no, un momentito.

Y: ¿Cómo se llama la otra señorita?

H: Se llama Erika.

EXPRESIONES Y VOCABULARIO

Bien - Mal

Muy bien - Muy mal

Más o menos

Gracias / Muchas gracias / Muchísimas gracias

Le (te) agradezco mucho

Muy amable

De nada = No hay de qué = Por nada

Igualmente / Gracias a usted

Para servirle

¡Claro! = ¡Cómo no! / Con mucho gusto

Mucho gusto = Encantado(a) = Tanto gusto

¿Perdón? / ¿Cómo? = ¿Mande?

¿Cómo se deletrea? = ¿Cómo se escribe?

Un momento, por favor = Permítame = Un momentito

¿Qué gusta tomar? = ¿Qué quiere tomar? = ¿Gusta tomar algo?

¿Qué le sirvo?

Otro (a) (s)

El jugo (de naranja)

El refresco

El agua (de fruta)

El café

El té

La leche

La naranjada

La limonada

VERBOS:

Conocer*

Llamar (se)

Presentar (se)

Tomar

EJERCICIOS

A. Complete:

A: Buenos días Señor García..

B: _____ . ¿_____?

A: Muy bien, gracias ¿y usted?

B: _____ . Le presento a _____ .

A: Mucho gusto, Señora. soy _____ .

C: _____ . _____ .

A: Sí. Hasta luego.

*Ver Material Complementario

B. Complete:

D: _____ .

E: ¡Hola! bienvenido(a) a México

D: _____ .

E ¿Conoce a _____?

D: No, _____ .

F: _____ .

D: Me llamo _____ .

F: ¿Perdón? ¿Cómo _____?

D: _ _ _ _ _ _ _ _ _ _ _ .

F ¡Ah, sí!

E: ¿ _____ : refresco, agua, café,?

D: Sí gracias. _____ , por favor.

E: Con mucho gusto.¿Con crema y azúcar?

D: _____ , por favor.

E: Sí como no. Un momentito.

D: ¿Cómo _____?

F: Se llama Erika.

EL ALFABETO

Aa	Bb	Cc	Ch ch	Dd	Ee	Ff	Gg	Hh	Ii	Jj	Kk	Ll	Ll ll	Mm
a	be	ce	che	de	e	efe	ge	ache	i	jota	ka	ele	elle	eme
	(b grande)						(latina)							

Nn	Ññ	Oo	Pp	Qq	Rr	rr	Ss	Tt	Uu	Vv	Ww	Xx	Yy	Zz
ene	eñe	o	pe	cu	ere	erre	ese	te	u	uvé	doble u	equis	ye	zeta
										(v chica)			(y griega)	

C. Ejercicio de pronunciación. Escuche y repita.

PISTA 04

D. Escuche y escriba:

PISTA 05

_____ _____ _____ _____

_____ _____ _____ _____

_____ _____ _____ _____

_____ _____ _____ _____

_____ _____ _____ _____

_____ _____ _____ _____

_____ _____ _____ _____

E. Conteste:

1. ¿Cómo se escribe su nombre?

2. ¿Cómo se deletrea el nombre de su amigo(a)?

3. ¿Cómo se escribe su dirección?

F. Conversación:

PISTA 06

1. ¿Cómo está su familia?
2. ¿ Cómo se llama su _____?
3. ¿Cómo está él (ella)?
4. Le presento a _____.
5. ¿Gusta tomar algo?

G. Conteste. Use "con" o "sin":

1) ¿Cómo toma el café?
2) ¿Cómo toma el refresco?
3) ¿Cómo se toma el tequila en México?
4) ¿Cómo se prepara el arroz en Japón?
5) ¿Cómo se prepara un taco en México?

H. Escuche y converse con sus propias palabras.

PISTA 07

I. Conteste las preguntas en el tiempo presente:

Ejemplo: ¿Dónde com(e) todos los días?

(Yo) *Como* en el comedor de la planta.

1. ¿A qué hora llega(n)?
   El avión / los invitados / los niños de la escuela
2. ¿Dónde estudia(n) español?
   Yo / mi esposo(a) / los niños
3. ¿Quién lava la ropa?
   Yo / la señora / en la lavandería (ellos)
4. ¿Qué lee(n) en el tiempo libre?
   Nosotros / mi amigo / mi hijo
5. ¿Quién ayuda a los niños en su tarea?
   Mi esposo(a) / yo / mi amiga
6. ¿Qué ve(n) los domingos en la televisión?
   Él (ella) y yo / yo / mis hijos
7. ¿Trabaja(n) en una compañía importante?
   Yo / mi esposo(a) / el ingeniero
8. ¿Habla(n) inglés y español?
   Mi amigo / yo / ellos
9. ¿Quién lleva al niño a la escuela?
   La muchacha / yo / el autobús
10. ¿Recibe(n) un paquete la próxima semana?
    Nosotros / la secretaria / yo

J. Complete:

Ejemplo: Pedro _habla_ japonés, pero yo no.
                 hablar

1. A veces _____ en el restaurante chino.
       comer (nosotros)
2. (Yo) _____ Puerto Vallarta, pero mi mamá no _____.
       conocer   conocer
3. ¿Cómo se _____ su nombre?
            escribir
4. Yo _____ Rosy y él _____ Roberto.
     llamar(se)   llamar(se)
5. Le _____ a mi hijo Rubén.
       presentar

K. Ser o Estar:

1. (Yo) _____ en México desde enero.

2. ¿Cómo _____ los niños?

3. El comedor _____ muy grande.

4. El café _____ caliente.

5. (Nosotros) _____ de Japón.

6. _____ usted muy amable.

7. Ellos _____ contentos en México.

8. Él _____ ingeniero en una compañía japonesa.

9. _____ las 9, pero la secretaria no _____ en la oficina.

10. La manzana _____ cara, pero hoy _____ barata en la tienda.

L. Pregunte a tres mexicanos los siguientes datos. Practique: ¿Cuál es su _____?

1. Nombre: _____ Apellido paterno:_____ Apellido materno:_____
   Dirección:_____
   Teléfono:_____ Edad:_____ Ocupación:_____
   Estado Civil:_____ Nacionalidad:_____

2. Nombre: _____ Apellido paterno: _____ Apellido materno:_____
   Dirección:_____
   Teléfono:_____ Edad:_____ Ocupación:_____
   Estado Civil:_____ Nacionalidad:_____

3. Nombre: _____ Apellido paterno: _____ Apellido materno:_____
   Dirección:_____
   Teléfono:_____ Edad:_____ Ocupación:_____
   Estado Civil:_____ Nacionalidad:_____

M. Lea con atención y cambie el verbo (si es necesario):

El señor García _____ director de la escuela de español para
                        ser
extranjeros. En esta escuela _____ muchas personas que _____
                              estudiar   *vivir*
en México y algunas también _____ en compañías muy importantes.
                             trabajar

El señor García _____ una secretaria que _____ Angélica
                 tener   *llamar (se)*
Leal. Ella _____ muy ocupada: _____ con los estudiantes,
            estar   *hablar*
_____algunas cartas, _____ visitas, _____ papeles a otras
 escribir   *recibir*   *llevar*
oficinas, _____ a los alumnos cuando _____ problemas, etcétera.
           ayudar   *(ellos) tener*

Todos los días el señor García _____ a las 8 de la mañana,
                                llegar
_____ un café o un té, _____ el periódico, _____ su
 tomar   *leer*   *ver*
agenda, _____ a muchas personas y _____ sus problemas.
         conocer   *escuchar*

Los dos _____a _____ a las 2 de la tarde.
           salir   *comer*
Angélica_____ a las 4 y el señor García a las 5 porque _____
         regresar   *(él) visitar*
otras escuelas de la ciudad. Cuando _____ a su oficina _____ los
                                     llegar (él)   *revisar*
exámenes de los estudiantes y _____ sus clases.
                               preparar

Ambos, _____ a las 8 y _____a sus casas, _____, _____
        terminar   *llegar*   *cenar*   *ver*
televisión y _____ hasta el siguiente día.
              descansar

¡Hola! Yo soy John y estoy de vacaciones en México.

¡Hola! Soy Pepe y estoy en mi trabajo, soy repartidor.

Mi nombre es Pierre, soy de Francia, pero ahora vivo en México, soy chef.

¡Mucho Gusto! Me llamo Enriqueta. Soy directora en una oficina.

¡Qué tal! Yo soy Eri, soy de Japón y estudio en México. ¡Me gusta mucho!

Yo_____
_____

RESUMEN DE GRAMÁTICA

El GÉNERO

Los sustantivos en español son:

Masculinos: cuando terminan en: o; u; l; n; r; s; e; (en su mayoría). Sin embargo, existen muchas excepciones como: la mano, la miel, la sal, la flor, la mujer, etc.

También son masculinos los nombres de personas: los apelativos de varones y los animales machos. Los nombres de ríos, montañas, días, meses, idiomas, notas musicales.

Femeninos: cuando terminan en: a; d; z (en su mayoría); e (llave, calle, noche, carne, gente, etc.). También existen excepciones como las terminadas en ma: el problema, el sistema, el programa, el tema, el día, el mapa, además de otras como: el arroz, el pez, el dentista, etc.

También son femeninos los nombres de mujer, los apelativos y las hembras. Asimismo las artes y las ciencias. Casi todas las profesiones cambian de género: el doctor, la doctora, el maestro, la maestra, etc.

PRESENTE DE INDICATIVO
VERBOS REGULARES
CONJUGACIÓN

	AR	ER – IR
Yo	_____o	_____o
Tú	_____as	_____es
Él, Ella, Usted	_____a	_____e
Nosotros	_____amos	_____emos / imos
Ellos, Ellas, Ustedes	_____an	_____en

Ser: soy, eres, es, somos, son	**Ejemplos:**
- Características permanentes	*Manuel es alto.*
	Enriqueta es mi hermana.
- Características personales: identificación, nacionalidad, profesión	*Soy Ana Leal*
	Él es de Estados Unidos.
	Ella es secretaria
	El señor García es casado.
- Opiniones generales	*Aguascalientes es una ciudad limpia*
- Características poco cambiantes	*Bety y yo somos amigos*

Estar

- Lugar, ubicación	*El libro está en la mesa.*
	María está en la sala.
- Estados o situaciones temporales	*Estoy cansado*
	La puerta está abierta
- Opiniones temporales o superficiales	*El día está bonito*
	¡Qué sabrosa está la sopa!
- Saludos	*¿Cómo está usted?*
- Situaciones excepcionales	*La fruta en México es barata, pero ahora está cara.*

LA PREPOSICIÓN: CON*

En esta lección "con" significa contenido o ingredientes, por ejemplo:
- *Con azúcar*
- *Con hielo*

*Se estudiarán otros significados en la unidad 8.

文法まとめ

名詞の性

スペイン語の名詞は男性名詞か女性名詞のいずれかに分類されます。

男性名詞

語末が o, u, l, n, r, s, e （ほとんどの場合）。

ただし、例外も多数あります。la mano（手）, la miel（蜜）, la sal（塩）, la flor（花）, la mujer（女の人）　等。

また男性の名前や愛称、動物の雄、川、山の名前、日名、月名、言語名、音符は男性名詞です。

女性名詞

語末が a, d, z, （ほとんどの場合）、e（llave（鍵）, calle（通り）, noche（夜）, carne（肉）, gente（人）　等.）。

ただし語末が ma の el problema（問題）, el sistema（システム）, el programa（計画）, el tema（テーマ）, さらに el día（日）, el mapa（地図）, el arroz（米）, el pez（魚）, el dentista（歯医者）等の例外もあります。

また女性の名前や愛称、動物の雌、芸術や科学の名詞は女性名詞です。

職業の名詞は性が区別されます。el doctor· la doctora（医者）, el maestro· la maestra（教師）等。

現在形

規則動詞

活用

	AR	ER-IR
Yo　私	_____ o	_____ o
Tu　きみ	_____ a s	_____ e s
El 彼, Ella 彼女, Usted あなた	_____ a	_____ e
Nosotros　わたしたち	_____ a m o s	_____ emos/imos
Ellos 彼達, Ellas 彼女達, Ustedes あなたたち	_____ a n	_____ e n

例:

AR－hablar	ER－comer	IR－vivir
hablo	como	vivo
hablas	comes	vives
habla	come	vive
hablamos	comemos	vivimos
hablan	comen	viven

【SER】	例	
一永続的な性質	Manuel es alto.	マヌエルは背が高い。
	Enriqueta es mi hermana	エンリケタは私の姉（妹）です。
一個人的性質：身分、国籍、職業	Soy Ana Leal.	私はアナ・レアルです。
	Él es de Estados Unidos.	彼はアメリカ合衆国出身です。
	Ella es secretaria.	彼女は秘書です。
一一般的な意見	Aguascalientes es una ciudad limpia	アグアスカリエンテスはきれいな街です。
一変化しにくい性質	Bety y yo somos amigos.	ベティと私は友人です。

【ESTAR】		
一Lugar, ubicación	El libro está en la mesa.	その本は机にあります。
	María está en la sala.	マリアはロビーにいます。
一一時的な状態・状況	Estoy cansado.	私は疲れています。
	La puerta está abierta.	ドアは開いている。
一現時点の意見	El día está bonito.	いい日です。（天気）
	¡Qué sabrosa está la sopa!	なんて美味しいスープでしょう。
一あいさつ	¿Cómo está usted?	ご機嫌いかがですか。
一例外的な状況	La fruta en México es barata, pero ahora está cara.	メキシコでは果物が安いが今は高い。

前置詞：CON

この課での CON は中身や材料を示します。

例　　砂糖入り　con azúcar

氷入り　　con hielo

その他の意味は　8課で学習します。

NOTA CULTURAL

PRESENTACIONES, NOMBRES Y TÍTULOS

Siempre que se presenta a una persona formalmente, es necesario dar su nombre completo, o bien, decir la señora, el señor, la señorita y su apellido[1]. Si la presentación es informal, sólo se dice su nombre de pila. Igualmente, la persona que es presentada puede decir su nombre completo o su nombre de pila.

En el caso de las señoras casadas se puede decir soy la señora y el apellido del esposo, e inclusive, hay señoras que usan sus dos apellidos: de soltera, o el de soltera y el de casada como: *Laura Martínez de González.*
Es común que después de presentarse se añada *"a sus órdenes"* o *"para servirle"* como indicio de buena educación. Sin embargo, queda a consideración personal el usarlo con personas extrañas.

Por otra parte, cuando la conversación es telefónica es muy común presentarse como: *soy la señora "X"*, o bien, *habla el señor "X"*, o *soy la licenciada, el ingeniero "X",* etc. En México, utilizar los títulos universitarios y profesionales es muy importante ya que indican respeto y un tanto, garantía en la calidad de la persona y de su capacidad.

Otra costumbre de nombrar a las personas es anteponiendo *"Don"* o *"Doña"* al nombre de pila o *"Joven",* si el muchacho aún no es casado o parece no serlo. La función de esto es similar a la de decir "señor", "señora", implica respeto, deferencia y, en ocasiones, estimación. Finalmente, cuando vaya acompañado y se encuentre a otra persona debe presentarlas, ya que es de mala educación ignorar a la persona o personas que están con usted.

---

[1] *También es común utilizar el doctor "X", la maestra "X", etc.*

文化に関するメモ

フォーマルな場で人を紹介する際は、紹介する人物の氏名の前にセニョーラ（既婚女性）、セニョール（一般男性）、セニョリータ（独身女性）をつけることが必要です。[1]

なお、カジュアルな場で紹介する場合は、名前だけでもかまいません。同じく紹介される側も苗字と名前を告げるか、もしくは名前だけを伝えます。

既婚女性の場合、「私はセニョーラＸＸ（夫の苗字）です」と自己紹介します。また人によっては独身時の苗字、あるいは独身時の苗字プラス夫の苗字を使うこともあります。

例：Laura Martinez de González

自己紹介のあとに "a sus ordenes"（直訳：あなたの指示にしたがいます）"para servirle"（直訳：あなたのお役に立ちます）などの表現を付け加えることも一般的です。ただし、初対面の相手に対してこれらの表現を使用するか否かは、各個人の判断です。

電話での会話においては「私はセニョーラＸＸです」「セニョーラＸＸが話しています」あるいは「私はリセンシアーダＸＸです」「インヘニエロＸＸです」といった表現を用いることもあります。

メキシコでは大学の学位や専攻（例えば licenciada は文科系大卒者、ingeniero は理数系大卒者）を使うことが重要であり、それが相手への敬意を示すこと、人間としての質や能力を認めることになります。

　人を呼ぶときの習慣として、"ドン"や"ドニャ"を名前の前につけること、または独身または独身と思われる男性に対し"ホベン"（直訳：若者）と呼びかけることがあります。これらの意味はセニョール、セニョーラ同様、相手への尊敬の意を表すことでもあり、自分との違いを象徴することでもあります。

　もしあなたが同伴者と一緒にいて、別の誰かと出会った際にはその相手に対し、自分の同伴者を紹介することがメキシコでの習慣です。自分と一緒にいる人を相手に紹介しないことは失礼と見られます。

¹ "ドクターＸＸ"（医者）や"マエストラＸＸ"（教師）も同じ。

UNIDAD 2 UNA VISITA EN CASA

"Aquí tiene su casa"

¡Bienvenida!

Escuche la grabación dos veces, llene los espacios y después lea:

CONVERSACIÓN: Sres. C y K visitan a los Sres. A y B

Sra. Ana: "A"; Sr. Bernardo: "B"; Sra. Cathy: "C"; Sr. Katsuo: "K".

PISTA 08

A: Buenas noches. ¡_____!

B: Adelante, pasen por favor.

C y K: Buenas noches, muchas gracias.

B: Siéntense, por _____.

A: ¿Qué gustan tomar? Una _____, una cubita, un tequila…

C: Una cerveza está bien, gracias.

K: Yo, mejor un _____ solo, por favor.

A: ¡Sí!, cómo no.

B: Aquí tienen una botanita.

K: Disculpe, ¿puedo pasar a su _____?

B: Claro, pase usted.

K: Gracias, con permiso.

B: Pase.

C: ¡Qué _____ es su casa!

A: Gracias, a la orden.

C: Muchas gracias.

B: Y…¿de _____ son ustedes?

C: Yo soy americana y mi esposo es japonés. Yo soy de la _____ de Nueva York y él es de la ciudad _____ Yokohama.

B: ¡Qué interesante! Nosotros somos de la ciudad de México, pero hace 6 años que _____ aquí.

(Después…)

K: Bueno, ya nos vamos. Muchas gracias, por _____. Estuvimos muy contentos.

A y B: ¡Qué bueno! Aquí tienen su casa.

C: Gracias por la _____, hasta luego.

A y B: ¡Que les vaya bien!

EXPRESIONES Y VOCABULARIO

Adelante / Pase usted

La cerveza

La cuba / cubita

El tequila / tequilita

Está bien

Mejor

Solo

Aquí tiene(n)

La botana / botanita

Disculpe(n) = Perdón = Perdone(n)

¿Puedo pasar (a)…?

El baño

Con permiso

Propio / Pase (usted) / Adelante

¡Qué bonita(o) es!

¡Qué barbaridad!

¡Qué sorpresa!

A la orden

Bueno / ¡Qué bueno!

Reunión / Junta

Visita = Visitante

¿De dónde es usted?

¿De dónde eres?

¿De dónde son ustedes?

De + Lugar

¡Qué interesante!

¿Hace cuánto tiempo que…?

¿Desde hace cuánto tiempo…?

(Desde) Hace + (tiempo) + (que)…

Ya nos vamos / ya me voy

¿Ya se va(n)?

(Muchas) gracias por todo

Estuvimos muy contentos

Estuve muy contento(a)

Aquí tiene(n) su casa

Gracias por la invitación

¡Qué! + adjetivo + (SER/ESTAR)

¡Que (te)le(s) vaya bien!

¡Que tenga(n) buen viaje!

   " " " día

   " " " fin de semana

Que descanse(n)

Que se mejore(n)

País	Persona	
Alemania	Alemán	a, es, as
Canadá	Canadiense	s
España	Español	a, es, as
Estados Unidos	Estadounidense	s
Americano [2]	a, os, as	
Francia	Francés	a, es, as
Inglaterra	Inglés	a, es, as
Japón	Japonés	a, es, as
México	Mexicano	a, os, as

---

[2] En el Español se conoce a la gente de Estados Unidos como americanos o norteamericanos. Sin embargo, americanos son todos los que pertenecen al continente Americano.

Continente

América	Americano	a, os, as
Asia	Asiático	a, os, as
Europa	Europeo	a, os, as
África	Africano	a, os, as

¿De dónde es la bandera?

Países

| Canadá | Japón | México | Alemania | Francia |
| Suiza | Inglaterra | Uruguay | Corea | Estados Unidos |

VERBOS[3]

Estar: estoy, estás, está, estamos, están

Ir: voy, vas, va, vamos, van

Pasar: paso, pasas, pasa, pasamos, pasan

Poder: puedo, puedes, puede, podemos, pueden

Poder + INFINITIVO: puedo pasar, puedes comprar, puede ir, podemos tomar, pueden dar

Sentar(se): me siento, te sientas, se sienta, nos sentamos, se sientan

Ser: soy, eres, es, somos, son

Tener: tengo, tienes, tiene, tenemos, tienen

---

[3]   Ver Material complementario

MÁS VOCABULARIO

Simpático(a)(s)
Interesante(s)
Lejos / Cerca
Amplio(a)(s)
Cansado(a)(s)
Caro(a)(s) / Barato(a)(s)
Contento(a)(s) / Triste(s)
Enfermo(a)(s) / Sano(a)(s)=Bien
Ocupado(a)(s)

Joven(es) / Viejo(a)(s) = Grande(s)
Frío(a)(s) / Caliente(s)
Sabroso(a)(s) = Rico(a)(s)
Bonito(a)(s) / Feo(a)(s)
Amable(s)
Rápido(a)(s) / Lento(a)(s) = Despacio
Nuevo(a)(s) / Viejo(a)(s)
Grande(s) / Pequeño(a)(s)=Chico(a)(s)

EJERCICIOS

A. ¿De dónde es? / ¿De dónde son?:

1. Inglaterra   2. Escocia   3.China   4.México   5.Holanda
6. Arabia   7. India   8. Japón

B. Cambie como en los ejemplos:

Ejemplo: La casa es bonita.   **o**   Las señoras son amables.
Las casas son bonitas.   *La señora es amable.*

1. El niño es simpático.
2. La historia es interesante.
3. El museo está lejos.
4. El coche es amplio.
5. El señor está muy cansado.

6. Las manzanas están caras.
7. Los niños están contentos.
8. Las computadoras son nuevas.
9. Las comidas están sabrosas.
10. Los coches son muy rápidos.

C. Use ¡Qué + adjetivo + SER o ESTAR:

Por ejemplo: *¡Qué bonito es el bebé!; ¡Qué triste está la niña!*

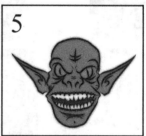

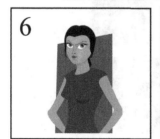

D. Conteste con expresiones como: *¡Qué bien!; ¡Qué mal!; ¡Qué interesante!; ¡Qué bonito!; ¡Qué barbaridad!; ¡Qué sorpresa!; ¡Qué sabroso!, ¡Qué lástima!, etc:*

A: En México hay muchas frutas y verduras baratas.   B: _____

A: El señor está muy cansado.   B: _____

A: La sopa Azteca tiene tortilla, queso y crema.   B: _____

A: Hay muchos museos en la ciudad.   B: _____

A: El niño está enfermo.   B: _____

E. Diga frases como en el ejemplo:

Ejemplo: Aquí *está la bolsa*, allá *está el dinero*.

1. Aquí _____, allí _____.

2. Aquí _____, allá _____.

3. Acá _____, allá _____.

4. Ahí _____, acá _____.

5. Allá _____, aquí _____.

F. Cambie al diminutivo:

Ejemplo: Tengo una *casita* en el campo.
             casa

1. En un _____ estoy con ustedes.
           momento

2. La _____ es muy bonita.
        niña

3. Quiero un _____ para empezar.
              tequila

4. Quiero comprar un _____ para los niños.
                      perro

5. Al _____ voy a la tienda.
      rato

G. Escriba un ejemplo con el diminutivo de las siguientes palabras:

Ejemplo: Mesa
 La mesita es de madera.

1. chico _____
2. coche _____
3. abuelo _____
4. bolsa _____
5. ahora _____
6. Mariana _____
7. Paco _____
8. regalo _____
9. café _____
10. hermano _____

MÁS EJERCICIOS

H. Escriba: el, la, los, las, un, una, unos, unas

Por ejemplo: *La/Una* ciudad

	NO OLVIDE QUE:
	Muchas palabras terminadas en "ma", son masculinas: **el** problema, clima, programa, sistema, idioma, tema, poema. Son normales: **la** cama, crema, forma, firma, pluma.

1. _____ ingeniero
2. _____ programas
3. _____ oficinas
4. _____ desayuno
5. _____ día
6. _____ traductora
7. _____ plumas
8. _____ libro
9. _____ puerta
10. _____ llaves
11. _____ vigilante
12. _____ dinero
13. _____ dirección
14. _____ problema
15. _____ mapa

16. _____ sistema
17. _____ lunes
18. _____ coche
19. _____ lentes
20. _____ agua
21. _____ doctora
22. _____ crema
23. _____ perros
24. _____ restaurante
25. _____ cerveza
26. _____ tequila
27. _____ reloj
28. _____ computadora
29. _____ té
30. _____ mes

I. Complete de la misma manera:

Ejemplo: _La_ reunión es a _las_ 10.

1. Hoy llega _____ visita a _____ planta.

2. _____ señora Ana va a _____ tienda.

3. _____ jefe de mi esposo(a) está en _____ oficina.

4. Llevamos a _____ señores a _____ aeropuerto.

5. En _____ sistema hay _____ problema.

> *NO OLVIDE QUE:*
> a + el = al
> de + el = del

J. Escuche y diga qué es (no olvide el, la, los, las o un, uno, unos, unas)

PISTA 09

K. Escuche y diga si es el, la, los, las, o un, una, unos, unas:

PISTA 10

L. Complete la historia:

_____ señor Tanabe _____ en la planta de Nissan. Su esposa
$\quad$ *trabajar*

_____ Ayumi y _____ en _____ ciudad de Aguascalientes. Ellos
llamar(se) $\quad$ *(ellos)vivir*

_____ un poco de español, _____ clases todos _____ sábados.
hablar $\quad$ *tomar*

A veces ella _____ _____ televisión en _____ noche y él _____
$\quad$ *ver* $\qquad$ *leer*

_____ revista. _____ domingos _____ a _____ amigos y _____
$\quad$ *visitar (ellos)* $\quad$ *regresar*

a _____ casa como a _____ 12 de la noche. _____ reuniones en México

_____ muy largas.
ser

M. Conteste las preguntas con: "hace" y "desde hace":

1. ¿Hace cuánto tiempo que está usted en México?

    _____

2. ¿Hace cuánto que estudia español?

    _____

3. ¿Desde cuándo trabaja (su esposo) en esta compañía?

    _____

4. ¿Desde hace cuánto tiempo usted no hace ejercicio?

    _____

5. ¿Hace cuánto que no ve a su familia?

    _____

N. Complete las columnas:

NO OLVIDE QUE:			
Presente de Indicativo		Presente de Subjuntivo	
(Yo)	tengo	(Usted)	tenga
"	voy	"	vaya

(A) usted ⟶ (A) ustedes

Ejemplo: *"Que tenga bonito día"* ⟵ "Que tengan bonito día"

1. "Que le vaya bien" ⟶ "_____"

2. "_____" ⟵ "Que tengan buen viaje"

3. "Que tenga buen día" ⟶ "_____"

4. "_____" ⟵ "Que tengan buen fin de semana"

5. "Que se mejore" ⟶ "_____"

6. "_____" ⟵ "Que descansen"

Ñ. Complete el diálogo:

A y B visitan a C:

A y B: Buenas _____.
C: Bienvenidos. _____, por favor.
A: Gracias por la _____.
C: _____ aquí, por favor. ¿Qué _____ tomar?
A: _____ está bien, por _____.
B: Yo mejor un _____, por favor.
C: Sí, _____.
A: Disculpe, ¿puedo pasar a _____?
C: Sí, _____.
A: Gracias, con permiso.
B: ¡Qué _____ es su casa!
C: Gracias. Y... ¿de _____ son ustedes?
B: Yo soy de _____ y mi esposa(o) es _____.
C: ¡Qué _____! Yo soy de _____, pero _____ 6 años que _____ aquí.
A y B: Bueno, ya nos _____. Muchas gracias por _____.
Estuvimos muy _____.
C: ¡Qué bueno! Aquí tienen _____.
A y B: Gracias. Hasta _____.
C: ¡Que _____!

O. Escuche, imagine la situación y conteste con sus propias palabras:

PISTA 11

RESUMEN DE GRAMÁTICA

SINGULAR Y PLURAL

En español el singular y plural son muy importantes. Toda la oración se modifica.

Por ejemplo:
- La casa es nueva
- *Las casas son nuevas*

- Mi amigo es mexicano
- *Mis amigos son mexicanos*

Para formar el plural:

Si la palabra termina en:
   Vocal con y sin acentuar + s
   Consonante + es
   "Z"

Ejemplo:
libro – libros   café – cafés
mes - meses dirección - direcciones
luz - luces

Algunas excepciones:

- Los días de la semana: *lunes, martes, etc.*
- Los sustantivos colectivos: *gente, ropa, dinero, etc.*

LOS ARTÍCULOS

Son una parte variable de la oración que indican género, número y definición.

Son definidos: el, la, los, las, cuando se refieren a un objeto conocido, preciso, limitado.

Son indefinidos: un, una, unos, unas, cuando hacen referencia a un objeto en general o no identificado.

Siempre se colocan antes del sustantivo.

Es neutro: lo, cuando se refiere a ideas o conceptos abstractos como: lo bueno, lo malo, lo mejor, lo importante, etc.

Cuando es precedido por las preposiciones "a" o "del" se forman las contracciones:

- a + el = al
- de + el = del

LOS ADJETIVOS CALIFICATIVOS

Los adjetivos calificativos expresan cualidades de los sustantivos y al igual que éstos, cambian de género y número. Por ejemplo:

- *La casa nueva* --- *Las casas nuevas*
- *El maestro serio* --- *Los maestros serios*

También pueden estar después de los verbos: ser, estar, parecer, quedarse y otros menos usuales. Por ejemplo:

- *La niña se queda triste*
- *El coche parece amplio*

No olvide que para las características personales como: nombre, nacionalidad, profesión, identidad, físico, etc., se utiliza el verbo ser.

ADVERBIOS DE DISTANCIA

"Aquí" significa en este lugar definido y "acá" en este lugar indefinido. De igual manera, "allí", significa en este lugar precisamente y "ahí", en ese lugar no preciso. "Allá" se usa para aquel lugar en ambos casos.

LOS DIMINUTIVOS

Son muy frecuentes en el español de México. Las terminaciones más usuales son: "ito(s), ita(s)". Se forman quitando la última vocal de la palabra. Por ejemplo: mes + ita(s), niñ + ita(s). A veces se forman añadiendo "cito(a) (s)", por ejemplo: *pancito, camioncito,* cafecito.

También se refieren a objetos, edades, cantidades, lapsos de tiempo, etc., más pequeños o cortos en tiempo: *momentito, poquito, botanita.*

Además pueden expresar cariño o amabilidad como: *hijita, Lupita, mamita, etc.*

HACE / DESDE HACE

Se refieren a un momento que empezó en el pasado y continúa hasta el presente.

- *Desde hace un mes vivo en México.*
- *Hace 15 años que trabajo en esta compañía.*

Hay dos formas de colocar "hace" en la oración:

1. *Hace* mucho *que* estudian español.
2. Estudian español *hace* mucho.

O bien, en pasado:

1. *Hace* 2 meses *que* vine.
2. Vine *hace* dos años.

También puede referirse a un evento que sucedió en el pasado. En este caso, sólo se usa "hace":

- *Hace 10 años estudié piano.*
- *Llegué hace 5 minutos*

"QUE" + SUBJUNTIVO

Las expresiones después de "Que..." implican, generalmente, buenos deseos y esperanza por parte de quien las expresa, por lo que es correcto contestar, *gracias* o *igualmente*.

Se forman con el verbo en subjuntivo presente, pero por ahora se sugiere que se memoricen sin analizarlas gramaticalmente.

Ejemplo: *Que le vaya bien.*
          Que tenga buen viaje

文法まとめ

単数と複数

スペイン語では、単数と複数を区別することがとても大切です。文全体が変化します。

例：　その家(々)は新しいです。

単数：La casa es nueva.　　　複数：Las casas son nuevas.

私の友人(達)はメキシコ人です。

単数：Mi amigo es mexicano.　　複数：Mis amigos son mexicanos.

複数形の作り方

語尾によって規則があります。

（母音(アクセントの有無に関わらず)＋s ）

libro　→　libros　/　café　→　cafés

（子音＋es）　mes　→　meses　/　dirección　→　direcciones

（z→ces）　luz　→　luces

複数形にならない例外もいくつかあります。

曜日：lunes, martes　等

集合名詞：gente, ropa, dinero　等

冠詞

冠詞は性や数量、定義を示します。

定冠詞 － el, la, los, las

　識別された、具体的に限定される対象をさす場合に使われます。

　常に名詞の前に置かれます。

不定冠詞 － un, una, unos, unas

　識別されない、一般的な対象をさす場合に使われます。

　常に名詞の前に置かれます。

中性－ lo

　アイデアや抽象的なコンセプトをさす場合に使われます。

　例：lo bueno(良いこと)、lo malo(悪いこと)、lo mejor(より良い
　　　こと)、lo importante(大切なこと)

　定冠詞の el は、

　“a”，“de”などの前置詞とつながる場合、短縮形で使用します。

$$a + el = al$$
$$de + el = del$$

品質形容詞

　品質形容詞は名詞の性質を表します。そして性や数の変化を伴います。

例：新しい家（々）

　　単数：La casa nueva　　　複数：Las casas nuevas

　　真面目な先生（達）
　　単数：El maestro serio　　複数：Los maestros serios

ser, estar, parecer, quedarse, その他の動詞の後に置かれること
もあります。

例：　La niña se queda triste.　　少女は悲しんでいる。

　　　El coche parece amplio.　　その車の中は広そうだ。

　名前や国籍、職業、人種、容姿など、その人の特性を表す場合は
ser 動詞を使うことを忘れてはいけません。

距離の副詞

“Aquí”は特定の場所（ここ）、“acá”は不特定の場所（このあたり）
を意味します。同様に、“allí”は特定の場所（そこ）、“ahí”は不
特定の場所（そのあたり）を指します。“Allá”は両方（あそこ・あの
あたり）を意味します。

示小語（辞）

　メキシコのスペイン語でよく使われます。最も多く使用されるのが"ito(s)" "ita(s)"などで、語末の母音を省略し付け足します。

例：　mesa→ mes+ita(s)(机)，niña→ niñ+ita(s)(女児)

　"cito(a)(s)"をつける場合もあります。

例：pancito(パン)，camioncito(小型バス)，cafecito(コーヒー)。

　さらに物や年齢、数量、時間の長さなどを示す場合にも使われ、より小さい、またはより短い時間を指す際に使われます。

例：momentito(わずかな時間、ちょっと)，poquito(ちょびっと)，

　　Botanita(つまみ) 等。

　また呼び名につけると愛着や優しさをこめた言い方になります。

例：hijita（お嬢ちゃん），Lupita（ルピタちゃん：女性名），

　　mamita（お母ちゃん）等。

HACE / DESDE HACE

（時間的表現：〜前に、〜間、いつから）

過去のある時点から現在までのことを含めて表現する際に使用されます。

Desde hace un mes vivo en México.

1ヶ月前からメキシコに住んでいます。

Hace 15 años que trabajo en esta compañía.

15年間この会社で働いています。

"Hace "を文中に入れるには以下の2つの方法があります。

1. **Hace** mucho que estudian español.
2. Estudian español **hace** mucho.

彼らは長い間スペイン語を勉強しています。

または、過去形を用いて

1. **Hace** 2 meses que vine.　　　来て2ヶ月になります。
2. Vine **hace** 2 años.　　　　　来て2年になります。

過去にあった出来事について述べることもできます。

この場合 "hace" のみが使えます。

Hace 10 años estudié piano.　　10年前にピアノを習いました。

Llegué **hace** 5 minutos.　　　　5分前に到着しました。

"QUE" ＋ 接続法

　"Que" ではじまる文は、一般的にその文章を使う側の願いや期待を意味します。

　ですから、そのような言葉をかけられた際は

　"gracias"（ありがとう）、または "igualmente"（同じ願いです）と答えるのが正しいといえます。

　動詞は接続法現在形を使います。しかし今は文法的に考えるよりも、慣用表現として暗記することをお勧めします。

　　Que le vaya bien.　　　　いってらっしゃい。

　　Que tenga buen viaje.　　よい旅を。

NOTA CULTURAL

TÚ Y USTED

Básicamente, existen dos maneras de dirigirse a una persona: de "tú" y de "usted". La más familiar es "tú" y se usa para hablar con los niños, la familia, los amigos, personas de menor o igual edad y, en general, con las personas con quienes deseamos tener una relación estrecha y de confianza, por esto, también se utiliza el nombre de pila. En algunos casos también se utiliza cuando el nivel social o de trabajo, de la persona a quien nos dirigimos, es menor al propio.

Asimismo es común utilizar la forma "tú" en expresiones de enojo, groserías y maldiciones, o bien, de manera despectiva.

En la forma de "usted", se expresa un mayor respeto, distancia (aunque también se puede tratar de una relación cercana) y/o un nivel más alto. En este caso no se usa el nombre de pila, pero en ocasiones se escucha decir: *¿cómo está Juan?*, especialmente, las zonas rurales o ciudades pequeñas acostumbran hablarse de "usted", aún entre familiares muy cercanos como la mamá, el papá, los hijos, los hermanos, etc.

Con respecto a la segunda persona del plural, en México se usa: "ustedes" en cualquier caso. El "vosotros" resulta actualmente, obsoleto y sólo se encuentra en la literatura que tiene influencia española.

CON PERMISO

Por otra parte, la expresión *"con permiso"* es una forma de disculpa con la diferencia de usarse antes de cometer alguna falta y normalmente, en las siguientes situaciones:

a) Para retirarse, salir o despedirse
b) Para pasar, acceder o entrar a algún lugar.
c) Para pasar entre personas
d) Para tomar algo que esté lejano entre las personas

Es necesario aclarar que nunca se usa al hablar por teléfono, se utiliza *"hasta luego"*, *"adiós"* o *"permítame"* si se desea que la persona espere respuesta.

"AQUÍ TIENE SU CASA"

La expresión *"aquí tiene su casa"*, *"mi casa es su casa"*, representa una de las tradiciones mexicanas más arraigadas: la hospitalidad, ya que desea hacer sentir al visitante el ambiente de comodidad y tranquilidad que tiene en su propia casa. Esto no excluye otros protocolos, pero la demostración de afecto a conocidos y extraños es característica del buen corazón mexicano.

Es muy común que al preguntarle a una persona mexicana: *"¿Cuál es su dirección?"*, ésta conteste: *"En Madero 720, ahí tiene su casa"*.

O bien, al referirse a la casa propia. Por ejemplo: *"En la casa de usted comemos mucho chile"*. En lugar de decir: *"En nuestra casa comemos mucho chile"*.

En cualquier caso, la respuesta siempre es: *"Gracias"*.

"QUE LE VAYA BIEN"
(Para retirarse o despedirse)

En expresiones como: *"que le vaya bien"* la partícula: que + el verbo en subjuntivo presente, indica deseo y esperanza de que la persona tenga un buen día, un buen viaje, y en general, un buen futuro.

文化に関するメモ

TÚ（きみ）と USTED（あなた）

話している相手に対して使う呼び方として、tú と usted の２つがあります。

よく使われる呼び方は tú であり、子供や家族、友人や年下あるいは自分と同じ歳の相手と話す際、またより親しい、信頼関係を持ちたい相手を呼ぶときに使います。

相手の姓ではなく名前を使うこともあります。場合によっては社会的レベルや、仕事上の関係で目下の相手を呼ぶときに使う表現です。

また、怒りや粗野な言葉、中傷する際などに相手を呼ぶために tú を使います。

Usted を使うと、相手に対する敬意や距離（たとえ近い関係であっても）、相手が自分より高い立場にあることを表します。

この場合、通常相手を名前で呼ぶことはあまり一般的ではありませんが、¿cómo está, Juan?といった言い方を耳にする場合もあります。特に地方や小さな町では、父親や母親、息子、兄弟など大変近い家族の間柄でも usted を使う習慣があります。

メキシコでは二人称複数形として常に ustedes が使われます。vosotros は現在使われない表現であり、スペインの影響をうけた文学作品にのみ使われています。

CON PERMISO （失礼します）

　Con permiso という表現は許しを請う目的で、以下のような場面で使います。

    a）場を離れる、別れる際

    b）通過する、またはどこかに入る際

    c）人ごみの中を通り抜ける際

    d）複数の人がいる場で遠くの物を手に入れる際

　この表現を電話での会話で使用しないよう注意してください。電話の場合は "hasta luego"（ではまた）、"adiós"（さようなら）、または返事を待ってもらいたい時には "permítame"（ちょっと待って）を使います。

AQUÍ TIENE SU CASA （ここはあなたの家です）

　"Aquí tiene su casa" や "mi casa es su casa"（私の家はあなたの家）といった表現は、メキシコにより深く根付いた、もてなしの気持ちを表す代表的な言葉です。

　訪問者（客）がまるで自分の家にいるように快適に感じて欲しいという願いがこめられています。

　他に礼儀の表現がないわけではありあませんが、知り合いや他人に対する思いやりを持つ、メキシコ人の良心的な人柄を示す表現といえるでしょう。

　¿Cuál es su dirección?（あなたの住所はどこですか？）とメキシコ人にたずねると、

　よく聞かれる返事の例としては、"En Madero 720, ahí tiene su casa"（マデロ720番、そこがあなたの家です）

　また、自分の家のことをさして
"En nuestra casa comemos mucho chile"（私たちの家でたくさんチレを食べます）という代わりに
"En la casa de usted comemos mucho chile"（あなたの家でたくさんチレを食べます）という言い方をします。

　いずれの場合も、返答は常に"Gracias"（ありがとう）です。

QUE LE VAYA BIEN
（場を離れるあるいは別れる際）

　Que le vaya bien という言い方「que+接続法現在形動詞」は相手によい一日、よい旅、未来の幸運を期待する願いの表現です。

UNIDAD 3 LA FAMILIA

"Ella es mi Abuelita"

Escuche la grabación y llene los espacios:

CONVERSACIÓN

PISTA 12

Rosy: "R"; Lety: "L"; Paty: "P". Son amigas y platican en casa de Paty:

R: ¡Qué _____! ¿Cómo están?

L: Bien, gracias.

P: Pues… más o _____.

R: ¿Por qué, qué pasa?

P: Fíjense que mi mamá vive en Guadalajara y _____ a quedarse con nosotros porque está enferma y no _____ cuidarla; _____ hermanos y yo estamos muy ocupados. Mi hermano mayor es ingeniero y nunca _____ tiempo; mi hermana menor _____ contadora y siempre tiene mucho trabajo; y yo, soy empleada de un restaurante, pero nunca _____ a qué hora _____ a salir.

L: No te preocupes, tal vez una de mis hermanas pueda[4] ayudarles. Ella está casada, pero no tiene hijos todavía. Además es doctora, pero ahorita no _____ trabajando.

---

[4]   Cuando se usa la expresión "tal vez" el verbo se conjuga en Presente de Subjuntivo. Si desea usar el Presente de Indicativo, use "a lo mejor".

P: ¿De veras?

L: Sí, de _____. Yo le _____ y que te llame[5] después.

R: Yo tengo una idea. Mi cuñado, el esposo de mi hermana, es dentista y trabaja en el Hospital de México, _____ a muchas enfermeras y a veces quieren trabajar _____ extra.

P: Pues, muchas gracias.

R: Bueno, pero ¿_____ mamá no llega muy pronto, ¿verdad?

P: No. Voy a ir por ella a Guadalajara el lunes de la próxima semana y nos venimos juntas el martes o el miércoles. _____ hacer cita con el doctor para el jueves.

L: ¿_____ celular para llamarle a mi hermana?

P: Sí, siempre lo _____ en mi bolsa.

Ejercicio de comprensión. Marque con una X si es verdadero – V, o falso – F:

1. Paty está preocupada por su mamá V   F
2. Su hermana más chica es contadora... V   F
3. Paty siempre sale a la misma hora del trabajo V   F
4. La hermana de Lety es casada y no tiene tiempo para sus hijos.......... V   F
5. Lety va a decirle a Paty que le llame a su hermana V   F
6. El cuñado de Rosy es dentista en el Hospital de México V   F
7. Paty siempre pone el celular en su bolsa V   F
8. Paty decide quién va a cuidar a su mamá V   F

---

[5]   Si tiene duda del significado de este adverbio, consulte el resumen de gramática de la unidad 8 del Libro 2.

EXPRESIONES Y VOCABULARIO

¡Qué tal! / ¡Hola!

Pues

¿Por qué? / Porque

¿Qué pasa?

Fíjese que / Fíjense que

Fíjate que (Fijarse)

Ingeniero(a)

Contador(a)

Empleado(a)

Doctor(a)

Dentista

No se preocupe / No se preocupen

No te preocupes (Preocuparse)

Casado(a)(s)

Soltero(a)(s)

Divorciado(a)(s)

Separado(a)(s)

Viudo(a)

¿De veras? Sí, de veras

Después – Ahorita

Además

Idea

La Familia

Papá

Mamá

Esposo(a)(s)

Hijo(s)

Hija(s)

Hermano(s)

Hermana(s)

Mayor(es)

Menor(es)

Abuelo(a)(s)

Nieto(a)(s)

Tío(a)(s)

Primo(a)(s)

Sobrino(a)(s)

Familia política

Suegro(a)(s)

Cuñado(a)(s)

Cita ≠ Reservación

VERBOS

Ayudar	Preguntar
Cuidar(se)	Preocupar(se)
Fijar(se)	Quedar(se)
Hacer*	Querer*
Ir*	Saber*
Llamar	Salir*
Llegar	Trabajar
Oír*	Traer*
Pasar	Venir*
Poner*	

*Son verbos irregulares

Observe el árbol genealógico de esta familia mexicana:

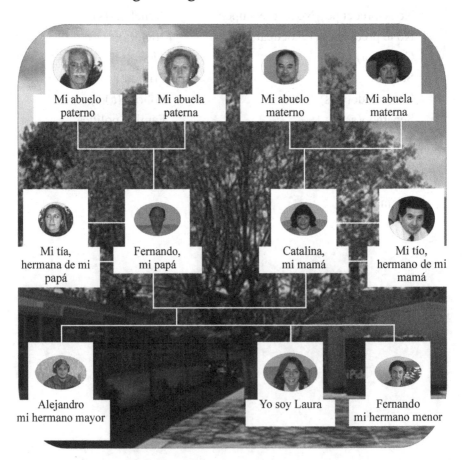

Mi abuelo paterno

Mi abuela paterna

Mi abuelo materno

Mi abuela materna

Mi tía, hermana de mi papá

Fernando, mi papá

Catalina, mi mamá

Mi tío, hermano de mi mamá

Alejandro mi hermano mayor

Yo soy Laura

Fernando mi hermano menor

EJERCICIOS

A. Lea la siguiente información:

Él es Roberto. Tiene 21 años. Es alto, güero, delgado, alegre y muy simpático. Es periodista y trabaja en el periódico "El Sol". En las mañanas corre cinco kilómetros y medio.

Ella es Nancy. Tiene 28 años. Es bajita, morena clara, un poco gordita. No usa lentes. Es una persona muy amable y activa. Es dentista para niños. En su tiempo libre lee o escribe correos a sus amigos.

Él es Raúl. Es un muchacho un poco alto, blanco, de pelo negro. Estudia en la preparatoria. Es muy serio y tímido, pero estudioso. Todos los días juega básquetbol.

Ella es Claudia. Es alta, muy guapa y tiene bonito cuerpo. Es actriz y canta muy bien. Es famosa y soltera. Cuando tiene tiempo hace ejercicio y oye música. Usa lentes para el sol.

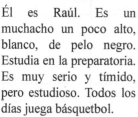

Ellos son Gaby y Luis. Él es abogado y ella es maestra en la Universidad. Son novios. Él es más chaparrito que ella, pero se quieren mucho. En su tiempo libre dan clases de computación.

Ésta es Sabashka. Es cariñosa y muy graciosa. Es chiquita, de colores gris y blanco, tiene mucho pelo. Todos los días corre muy contenta con su dueña.

B. Llene el siguiente cuadro con la información anterior:

	¿Cuántos años tiene?	¿Cómo es físicamente?	¿Cómo es su personalidad?	¿Qué hace?
Roberto				
Nancy				
Raúl				
Claudia				
Gaby y Luis				
Sabashka				

C. Lea el árbol genealógico de esta familia:

Lolita y Enrique son esposos y tienen tres hijos: Ricardo, Queta y Lucy. Lolita tiene cuatro hermanos: Rebe, Pili, Arturo y Jesús. Arturo y Jesús son solteros. Los hijos de Rebe y primos de Lucy son: Jaime, Oscar, Carolina, Jorge y Teo. Enrique tiene una hermana: Rosita, y cinco sobrinas: Gaby, Eli, América, Rosy y Pola.

Lolita y Enrique tienen dos nietos de su hija Lucy: Soraya y Eduardo.

Lucy está casada y tiene muchos familiares políticos. Su suegra se llama Lila y su suegro Daniel. Su cuñado se llama Dany como su papá.

El papá del papá de Lucy, su abuelo, se llama Pedro y su abuela se llama Nina.

D. Conteste las preguntas:

1. ¿Quién es Queta? _____
2. ¿Quién es Rebe? _____
3. ¿Qué son Lucy y Carolina? _____
4. ¿Teo es primo de Rebe? _____
5. ¿Lolita y Rosita, qué son? _____
6. ¿Quién es el tío de Gaby? _____
7. ¿Quiénes son los familiares políticos de Lucy? _____
8. ¿Quiénes son los nietos de Pedro y Nina? _____

E. Haga su propio árbol genealógico:

F. Resuelva el siguiente CRUCIGRAMA:

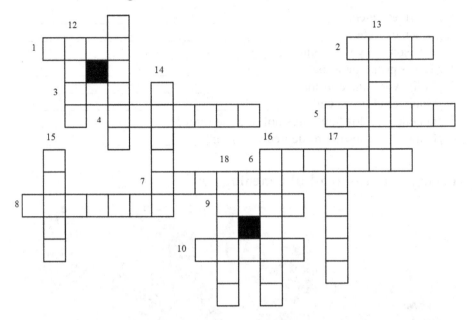

HORIZONTALES

1. Es la abuelita de mi hija
2. Es el papá de mi hermana
3. Es el hermano de mi papá
4. No es casado
5. Son los hijos de mis tíos
6. Son los papás de mi esposo(a)
7. Es el hermano de mi esposo(a)
8. Lo contrario de gordo
9. Es un niño de 2 ó 3 meses
10. Hombre que habla poco y no es alegre

VERTICALES

11. Es una persona que todos conocen (en todo el mundo)
12. Lo contrario de bajo o chaparrito
13. Hombre que hace muchas cosas o tiene muchas actividades
14. Lo contrario de negro
15. Es el hijo de mi hijo
16. Es el hijo de mi hermana
17. Lo contrario de chico, pequeño
18. Es el papá de mi mamá

G. Escuche y escriba el número:

Adivine ¿quién es?:

PISTA 13

( )  ( )  ( )

( )  ( )  ( )

H. Escriba lo contrario. Si es necesario, busque en el diccionario:

Ejemplo: Activo ------- *Flojo*

Contento _____	Amable _____	Pequeño _____
Serio _____	Enojado _____	Bueno _____
Tranquilo _____	Menor _____	Nunca _____
Feo _____	Siempre _____	Simpático _____
Bajo _____	Juntos _____	Flojo _____
Blanco _____	Delgado _____	Triste _____

I. ¿En qué trabaja? ¿Qué es?

1 _____ 2 _____ 3 _____

4 _____ 5 _____ 6 _____

7 _____ 8 _____ 9 _____

**OPCIONES: PLOMERO COCINERO DENTISTA CARTERO
FOTÓGRAFO MECÁNICO JARDINERO POLICÍA ENFERMERA**

J. Cambie a la primera persona del singular = yo:

Ejemplo: Manuel dice que no **quiere** comer.
> *Manuel dice que (yo) no **quiero** comer.*

1. Rosy **hace** un pastel para su niño.
2. Todos **vamos** al cine mañana.
3. Raulito no **quiere** usar lentes.
4. Mi amigo **conoce** Cancún, pero Lety no.
5. Ella dice que **tiene** que ayudar.
6. Él **sale** de trabajar a las 6 de la tarde.
7. No **sabe** dónde está la maestra.
8. **Es** dentista y **está** muy ocupado.
9. Mi familia **viene** la próxima semana.
10. No **podemos** esperar más tiempo.
11. Mi amiga **trae** al niño y **juega** en el jardín.
12. No **entendemos** a estas personas.
13. La maestra **da** clases de español.
14. Los niños **oyen** música todas las tardes.
15. La muchacha **trae** leche y pan de la tienda. Los **pone** en la mesa.

K. Escuche y diga cómo es la persona (amable, alegre, floja) y cómo está (triste, contenta, enojada, etc.):

PISTA 14

L. Conteste las preguntas:

a. ¿Cuántos hermanos tiene, cómo son y qué hacen? Diga si trabajan, estudian, son casados o solteros, si tienen hijos y cuántos años tienen, etc.

b. ¿Cómo es su papá?

c. ¿Cómo es su esposo(a) o su novio(a)?

d. ¿Cómo es Madonna, la cantante americana?

e. ¿Cómo es Michael Jackson, el famoso cantante y bailarín?

M. Conteste en el tiempo presente:

Ejemplo: - ¿Trae el celular?
(ella) *No, ella no trae el celular.*

1. ¿Dónde vive(n)?
(yo)   (mi familia y yo)   (mis padres)

2. ¿Quién cuida a los niños?
(yo)   (la muchacha)   (mi amiga y yo)

3. ¿Necesita(n) hacer una cita con el doctor?
(mi esposo(a))   (yo)   (la secretaria)

4. ¿Cuánto tiempo se queda(n) en México?
(mi esposo(a))   (mi familia y yo)   (yo)

5. ¿Está(n) contento(a)(s) en México?
(yo)   (nosotros)   (mis amigos)

6. ¿Conoce(n) otros lugares de México?
(yo)   (nosotros)   (los niños)

7. ¿Cuándo puede(n) tomar las clases de español?
(nosotros)   (él)   (yo)

8. ¿Tiene(n) tiempo para ir al súper mañana?
(mis amigas)   (nosotros)   (yo)

9. ¿Sabe(n) a qué hora es la clase?
(yo)   (nosotros)   (ellos)

10. ¿Cuándo va(n) por su amigo al aeropuerto?
(el señor Díaz)   (yo)   (nosotros)

11. ¿Quién le dice a su mamá qué quiere?
(mis amigos)   (ella y yo)   (yo)

12. ¿De dónde viene(n)?
(mi familia y yo)   (mi amigo)   (yo)

N. Complete el diálogo con los verbos en presente:

Rosy: "R"; Lety: "L"; Paty: "P"

R: ¡Qué tal! ¿Cómo _____?

estar

L: Bien, gracias.

P: Pues… más o menos.

R: ¿Por qué?, ¿Qué _____?

pasar

P: Fíjense que mi mamá _____ en Guadalajara y _____ a quedarse

vivir   venir
    con nosotros porque _____ enferma y no _____ ir a cuidarla; mis

estar   poder (nosotros)
    hermanos y yo _____ muy ocupados. Mi hermano mayor _____

estar   ser
    ingeniero y nunca _____ tiempo; mi hermana menor _____

tener   ser
    contadora y siempre _____ mucho trabajo; y yo, _____ empleada

tener   ser
    en un restaurante, pero nunca _____ a qué hora _____ a salir.

saber   ir

L: No te preocupes, tal vez una de mis hermanas pueda ayudarles. Ella _____

ser
    casada, pero no _____ hijos todavía. Además _____ doctora, pero

tener   ser
    ahorita no _____ trabajando.

estar

P: ¿De veras?

L: Sí, de veras. Yo le _____ que te llame después.

decir

R: Yo _____ una idea. Mi cuñado, el esposo de mi hermana, _____

tener   ser
    dentista y _____ en el Hospital de México, _____ a muchas

trabajar   conocer
    enfermeras y a veces _____ trabajar tiempo extra.

querer(ellas)

P: Pues, muchas gracias.

R: Bueno, pero ¿tu mamá no _____ muy pronto, verdad?

llegar

P: No. _____ a ir por ella a Guadalajara el lunes de la próxima semana y nos

ir(yo)
    _____ juntas el martes o miércoles. _____ hacer cita con el doctor

venir   Necesitar(yo)
    para el jueves.

L: ¿_____ el celular para llamarle a mi hermana?

Traer(usted)

P: Sí, siempre lo _____ en mi bolsa.

poner(yo)

O. Ejercicio de velocidad. Regrese a la página del inicio de ésta unidad y escoja a Rosy, Lety o Paty y lea al mismo tiempo que la grabación. Haga el ejercicio 2 veces.

PISTA 15

RESUMEN DE GRAMÁTICA

LOS ADJETIVOS POSESIVOS

Recuerde que los adjetivos posesivos son: mi(s), tu(s), su(s), nuestro(s), nuestra(s) y su(s).

IMPORTANTE: EL POSESIVO NO DEPENDE DEL SUJETO, SINO DEL OBJETO. Por ejemplo:

- (Yo)   *Mi suéter*   ---   *Mis suéteres*
- (Ustedes)   *Su libro*   ---   *Sus libros*

SER Y ESTAR

Los verbos ser y estar tienen significados diferentes.

SER se usa para definir:
- Características permanentes como nacionalidad, físico, profesión y posesión.

ESTAR se usa para definir:
- Características temporales: estoy triste, contento, etc.
- El lugar donde se encuentra: la casa está allá.

EL PRESENTE DE INDICATIVO (REPASO)

El tiempo Presente de Indicativo se aplica en situaciones que se realizan en este momento o normalmente.

Existen muchos tipos de verbos irregulares: por diptongación: Querer – Quiero, Poder - Puedo; por cambio ortográfico: Venir - Vengo, Hacer - Hago; por trueque vocálico: Pedir - Pido. Para mayor información todos estos verbos están contenidos en el Material Complementario.

EXPRESIONES DE TIEMPO

Las expresiones de tiempo que pueden usarse en Presente de Indicativo son:

Siempre	Todos los días / meses/ años	Casi siempre
Normalmente	Generalmente	Frecuentemente
Seguido	A veces	De vez en cuando
Rara vez	Casi nunca	Nunca
Hoy	Ahora	Ahorita[6]

---

[6]   Por su uso frecuente y ser aceptado por la mayoría de los expertos, se decidió incluir esta palabra.

文法まとめ

所有形容詞

所有形容詞には以下があります。

私の (mi, mis)、きみの (tu, tus)、あなたの (su, sus)、私達の (nuestro, nuestra, nuestros, nuestras)、あなた達の (su, sus) です。

重要：所有形容詞の性数は主語ではなく目的語によります。

    Mi suéter（私のセーター）

    Mis suéteres（私の（複数の）セーター）

    Su libro（あなたの本）

    Sus libros（あなたの（複数の）本）

SER と ESTAR

SER 動詞と ESTAR 動詞は異なる意味を持ちます。

SER 動詞が使われるのは以下の時です。

    — 国籍や職業、所有など永久的な特性を表すため。

ESTAR 動詞が使われるのは以下の時です。

    — 一時的な特性：私は悲しい、満足している　等

    — 所在地

        例：家はあそこにあります。

直接法現在形（復習）

　直説法現在形は今現在行われている、あるいは通常行われる状況に使われます。

　不規則活用の動詞も多くあります。主な動詞については、巻末ページにまとめてありますので、参照してください。

　　例：　二重母音　　Querer → Quiero　／　Poder → Puedo

　　　　　表記の変化　Venir → Vengo　／　Hacer → Hago

　　　　　母音代用（e→i）　Pedir → Pido

時間の表現

直説法現在形で使用できる時間の表現：

Siempre いつも	Todos los días/meses/años 毎日・毎月・毎年	Casi siempre ほとんど 常に
Normalmente　通常	Generalmente　一般に	Frecuentemente　頻繁に
Seguido　すぐに	A veces　時々	De vez en cuando　たまに
Rara vez めったに（否定）	Casi nunca　めったにない	Nunca　決して（否定）
Hoy　今日	Ahora　今	ahorita　今（すぐに）1

1　ほとんどの国では使われていませんが、メキシコではahoraよりも頻繁に使われます。

NOTA CULTURAL

LA EXPRESIÓN "PUES"

La expresión "pues" se usa frecuentemente en español, pero básicamente expresa causa, consecuencia, relación o confirmación. Por ejemplo:
- *Pues sí.*
- *Pues eso no me gusta.*
- *Si no vienes, pues entonces me voy.*

Cuando se escucha como "*pues...*", usted no debe preocuparse porque el que habla, sólo está pensando qué decir.

MÁS O MENOS

La frase "más o menos", expresa una situación, cantidad o tiempo de manera intermedia, regular, o aproximada. Es tan popular en México, que se usa exageradamente. Tal vez, al extranjero le parezca irresponsable el generalizar las cosas y, en cierto modo, tiene razón. Sin embargo, también refleja la flexibilidad que nos caracteriza. En todo caso, si usted desea mayor exactitud en lo que se está diciendo puede confirmar o usar la frase: "Por favor, dígame exactamente, ¿puede o no puede?, ¿va a venir o no?, ¿a las 10 o a las 10 y 20?"

EL VERBO FIJAR (SE)

"*Fíjese, fíjate, fíjense*" proviene del verbo fijar(se), pero en pocos diccionarios aparece el significado que comúnmente se le da. Es similar a mirar: "*mire*", "oiga", o "ponga atención" a lo que se va a decir, describir o explicar. Normalmente se le añade la partícula "que" y es independiente de la siguiente oración por lo que el siguiente verbo se conjuga normalmente. Ejemplo: *Fíjese que no tengo tiempo.*

APELATIVOS

En español existen muchos apelativos para nombrar a los familiares, propios y del cónyuge. Por ejemplo: yerno, para el esposo de mi hija; nuera, para la esposa de mi hijo; etc. Se recomienda usar los más comunes y, en caso de necesitarlo, decir: "mi hermana política", en lugar de mi cuñada, etc.

EXPRESIONES DE CONFIRMACIÓN

La expresión "*¿de veras?*" expresa el deseo de confirmación sobre algo que la otra persona acaba de decir. No debe confundirse su uso con las expresiones: "*¿verdad?*" o "*¿no?*". Éstas últimas van antecedidas por una oración (la que se desea confirmar), mientras que "*¿de veras?*" es una frase independiente. Igualmente, las respuestas son muy distintas. Por ejemplo:

a)   -   *Los zapatos tienen un 50% de descuento*
      -    *¿De veras?*
      -    *Sí, de veras*

b)   -   *Los zapatos tienen el 50% de descuento, ¿verdad?*
      -    *Sí, así es.*

c)   -   *Y los pantalones tienen el 20% de descuento ¿no?*
      -    No. Tienen el 40%.

CITA, COMPROMISO Y RESERVACIÓN

Existen tres palabras de significado similar: cita, compromiso y reservación. No se confunda: cita es un acuerdo formal. Se usa en el doctor o en el trabajo, como: "*voy a hacer una cita con el doctor*"; mientras que compromiso es un acuerdo que puede ser de encuentro, pago, responsabilidad, pero previamente establecido, como: "*mi compromiso es pagar mensualmente*". Sin embargo, es posible decir: "*discúlpeme, mañana no puedo ir por que tengo un compromiso*". Reservación se usa para apartar un lugar en el avión, el restaurante, el teatro, el hotel, etc. Cuando usted llega a un hotel puede decir: "*tengo una reservación a nombre de X*".

文化に関するメモ

PUES の使い方

スペイン語では "pues" という言葉をよく使いますが、基本的に理由や結果、関連性や確認を意味します。

例： Pues sí. えーっと、そうです。

Pues eso no me gusta.

だから、私はそれが気に入りません。

Si no vienes, pues entonces me voy.

君が来ないなら、わたしは行くよ。

"pues......" と聞こえた場合は気にする必要はありません。

相手は何を言おうかと考えているだけですから。

MÁS O MENOS

"más o menos" は状況や数量、時間について中間やおおよそを示す表現です。メキシコでは非常によく使われる言葉です。外国の方にとっては大まかで無責任な表現と受け取られることもあるかもしれませんが、それはごもっともです。

ただし、融通性・適応性のある国民性を象徴する言い方ともいえます。いずれにしても、より正確な答えを要求したい時には、確認の意味で次のような表現を使うことができます。「お願いです。正確に言ってください。できるのですか、できないのですか。来ますか、来ませんか。10時ですか、10時20分ですか。」

動詞 FIJAR(SE)

"Fíjese, fíjate, fíjense" などの表現は、動詞 fijar(se)(注目する、注意する)からきています。しかし、ごく一般的に使われる意味について書かれている辞書はごくわずかです。

"mire"(見てください)と似ていて、"oiga"(聞いてください)、あるいは"ponga atención"(これから言うことや表現することに注意を払ってください)という意味です。通常関係代名詞の"que"が付け加えられ、以下の文章とは無関係のため、以下の文中の動詞は普通通りの活用となります。

例 : Fíjese que no tengo tiempo.　　あのですね、時間がないんです。

愛称

　スペイン語には自分の家族あるいは結婚相手の家族の呼び名が数多くあります。

　例えば yerno(婿)は自分の娘の夫、nuera(嫁)は自分の息子の妻。よく使われる呼び名を使用することをお勧めします。必要であれば、義理の姉・妹を意味する cuñada の代わりに mi hermana política という言い方もできます。

確認の表現

¿De veras ?という表現は相手が言った内容を確認する願いをこめて使われます。

¿verdad?あるいは¿no?と混同してはいけません。これら２つはその前に必ず一つの文章（確認したい内容）がありますが、¿de veras?は一つの独立した文章です。同じく返答の仕方も全く異なります。

例：

a) Los zapatos tienen un 50% de descuento.

　　　　　　　　　　　　　　　　　靴は50％割引です。
　　¿De veras?　　　　　　　　　　そうなのですか。

　　Sí, de veras.　　　　　　　　はい、そうです。

b) Los zapatos tienen el 50% de descuento, ¿verdad?

　　　　　　　　　　　　　　　　　靴は50％割引ですよね。
　　Sí, así es.　　　　　　　　　はい、そうです。

c) Y los pantalones tienen el 20% de descuento ¿no?

　　　　　　　　　　　　　　ズボンは 20％の割引ですよね。

d) No. Tienen el 40%.　　　　　いいえ、40％です。

約束と決め事

　類似の意味をもつ３つの言葉があります。"cita・compromiso・reservación"です。混同しないようにしましょう。cita は将来会うための約束です。

　"Voy a hacer una cita con el doctor"（私は医者の予約をします）

　一方"compromiso"は会うこと、支払い、責任などの事前に決められた事といえます。

　"mi compromiso es pagar mensualmente"（私の責務は毎月支払うことです）。

　しかし次のように言うこともできます。

　"discúlpeme, mañana no puedo ir porque tengo un compromiso"（すみません、約束があるので明日行くことができません）。

　飛行機、レストラン、劇場、ホテルなどの場所では"reservaciónを"使います。ホテルでチェックインする時、次のように言うことができます。

　"tengo una reservación a nombre de ○○"（予約している○○ですが）。

UNIDAD 4 EL SUPERMERCADO

"¿A cómo el kilo?"

Escuche y llene los espacios:

CONVERSACIÓN A:

PISTA 16

Sra. Mary: "M"; la empleada: "E":

DEPARTAMENTO DE SALCHICHONERÍA

E: Tome un turno, por favor.
   (Después...).
   Número _____.
M: Yo lo tengo, señorita.
E: A sus órdenes, ¿qué va a llevar?
M: Me da un _____ de jamón, por favor.
E: ¿Lo _____ cocido, de pierna, horneado...?
M: De pierna.
E: ¿Qué marca le pongo?
M: ¿Cuál es la _____?
E: ¿Quiere probar ésta? Es buena y está en oferta. ¡Aproveche!
M: ¿Cuánto cuesta?
E: $ _____ pesos el kilo, menos el _____% (por ciento) de descuento.

M: Sí,… está bien.

E: ¿Cómo quiere las rebanadas, delgadas o gruesas?

M: Un _____ delgadas.

E: ¿Así está bien?

M: Un poco más, por favor.

E: ¿Qué más le _____?

M: _____ gramos de tocino.

E: ¿Algo más?

M: _____ kilo de salchicha.

E: ¿Viena o para coctel?

M: Viena, por favor. (*Señalando*) ¿_____ qué es esta salchicha?

E: _____ pavo. ¿Es todo?

M: Sí, nada más, gracias.

E: ¿No va a llevar chorizo? Está muy bueno.

M: No, es todo. Gracias.

E: Para servirle.

Escuche nuevamente la grabación y tome el papel de Mary.

PISTA 17

EXPRESIONES Y VOCABULARIO

Me

Le (Te)

Lo, la, los, las.

Les

Turno

Jamón

Cocido

Pierna

Horneado

Marca

Este, ese, aquel + sustantivo

Esta, esa, aquella + "

Estos(as), esos(as), aquellos(as) + "

Descuento

Rebanada

Grueso

Delgado

Chorizo

Tocino

Salchicha tipo Viena

Salchicha tipo Coctel

Pavo

A sus órdenes

¿Cuál es?

En oferta

Así

¿Cuánto cuesta?/¿A cómo?

¿Cuánto es?

¿Qué más?

¿Algo más?

¿De qué es?

¿Es todo?

Nada más = Es todo

Escuche la grabación de las conversaciones B y C y antes de leer, conteste si es verdadero o falso:

PISTA 18

1. Las pilas sólo están en el departamento del hogar .... V F
2. El señor Manheim quiere jabón para las manos .... V F
3. Sólo los acondicionadores tienen descuento .... V F
4. La señora Young encontró el suavizante y también la mantequilla ...... V F
5. La señora va a pagar con tarjeta de crédito .... V F
6. El total es de $ 467.36 .... V F
7. La cajera le pide un regalo a la señora .... V F
8. El niño va a llevar las cosas de la señora a su coche .... V F

Ahora lea y confirme sus respuestas:

CONVERSACIÓN B:

Sr. Manheim – M; el Empleado – E.

M: Perdone, estoy buscando las pilas, pero no las encuentro.
E: ¡Ah! están en el departamento del hogar.
M: ¿Dónde está ese departamento?
E: Por este pasillo, derecho. O también hay en las cajas, cerca de la salida.
M: Y perdone, también quiero comprar jabón líquido.
E: ¿Jabón líquido? ¿Para qué sirve?
M: Es como un champú, pero es suave y sirve para las manos.
E: Eso está en el pasillo 3 junto a los jabones.
M: Los jabones tienen descuento ¿verdad?
E: Sí, también los acondicionadores.

CONVERSACIÓN C:

Sra. Young – Y; la Cajera – C; el Niño – N.

C: Buenas tardes, ¿encontró todo lo que buscaba?
Y: Sí. Bueno, no… No hay suavizante para ropa y tampoco mantequilla.
C: Bien. (*Después…*) ¿Esto es suyo también?
Y: No, no es mío.
C: ¿De quién es?
Y: No sé. Tal vez de aquella señora.
C: Bien. ¿Va a pagar con vales, en efectivo o con tarjeta?
Y: Con tarjeta, por favor ¿cuánto es?
C: Son $457.36 (= cuatrocientos cincuenta y siete pesos con treinta y seis centavos). ¿Me regala una firma? Aquí tiene su ticket y su copia.
N: ¿Le ayudo a llevar sus cosas?
Y: Gracias. No es necesario. Aquí tienes para un refresco (propina).

MÁS VOCABULARIO

Departamento de:

Abarrotes

Lácteos

Frutas y Verduras

Carnicería

Pescados y Mariscos

Perfumería

Ropa para damas

Ropa para caballeros

Ropa para niños y niñas

Ropa para bebés

Carnes frías y salchichonería

Del hogar

Jardinería

Electrónicos

Telas

Blancos

Muebles y Enseres

Panadería

Juguetería

Discos

VERBOS[7]

Aprovechar	Encontrar	Probar
Buscar	Haber (hay)	Regalar
Comprar	Llevar	Servir
Costar	Pagar	Tomar
Dar		

MEDIDAS Y PESOS

1 k.	=	Un Kilo	
¾ k.	=	Tres cuartos	= 750 gramos
½ k.	=	Medio Kilo	= 500 gramos
¼ k.	=	Un Cuarto	= 250 gramos
100 gr.	⟶		= 100 gramos
1 ℓ	=	Un Litro	
½ ℓ	=	Medio Litro	
¼ ℓ	=	Un Cuarto de Litro	
1 km	=	Un kilómetro	
1 m	=	Un Metro	
½ m.	=	Medio Metro	= 50 centímetros. (50cm.)
¼ m.	⟶		= 25 centímetros

---

[7] Ver Material Complementario.

¿Cómo se vende(n)?

3 piezas   1 lata   1 tubo   1 caja   1 bolsa

1 paquete   1 frasco   1 bote   1 botella   6 rollos

1 pedazo   1 rebanada   1 manojo   1 racimo   1 barra

¿De qué es/son?

Es de

Son de

> Carne de: res / pollo
> Carne de puerco = cerdo
> Pescado / pavo
> Tela poliéster / algodón
> Plástico / vinil
> Maíz / trigo
> Madera / papel
> Metal: oro / plata / cobre
> Cerámica / barro
> Piel

Señala o menciona un objeto que sea de los siguientes colores:

Negro   Azul claro
Rojo   Rosa
Morado   Verde claro
Café   Gris
Amarillo   Naranja
Blanco   Crema
Verde oscuro   Azul Oscuro

EJERCICIOS.

A. Relacione las frutas y verduras con la lista de abajo:

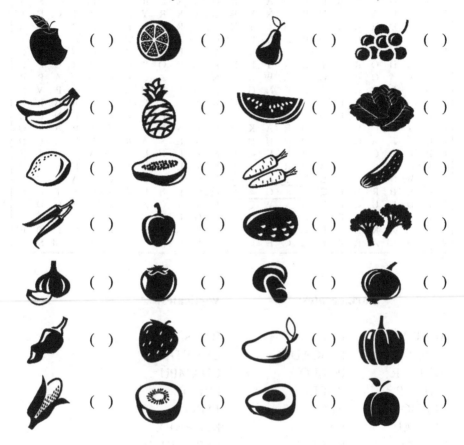

1. Durazno	8. Zanahoria	15. Chile Poblano	22. Uvas
2. Papa	9. Hongo	16. Sandia	23. Maíz
3. Chile	10. Papaya	17. Fresa	24. Pera
4. Coliflor	11. Cebolla	18. Piña	25. Kiwi
5. Aguacate	12. Limón	19. Mango	26. Manzana
6. Pepino	13. Naranja	20. Plátano	27. Ajo
7. Jitomate	14. Lechuga	21. Calabaza	28. Pimiento

B. Palabragrama. Encuentra las palabras:

```
L A F E B A S A L B X V C Z U C L E C H E D T W P
A T E C H E C F G H P Y I J K B J S L M N R L L A
M M X G Ñ O A P Z Q A R R O Z R L R R K M L L S S
K W T C A T S U P U Ñ V W D X R R Y Z Q A B C D T
L C V D H L R R A H A Y X I E R Z F P U E R C O A
E A G P O L L O P Z L E S O Y A D A E P Q I J K Y
E L U C L T S E E L E M N Y Ñ F P L W L O N P S C
N C H H Q R S T L Ñ S F H R O R Q P O Ñ R R O E E
E U V A C P B O D A W X C Ñ L I Z C E R D O A R P
X B Y M H C C D E E N G F D G J N U H I R R P V I
S C H P J C H K B C E R E A L O L B L L T A B I L
Y O G U R T H M A M N B Ñ M O L P E L L Q E N L L
E R S L L I T U Ñ R A K V F W X Y T T Z Y P A L O
I C Z J A C E V O Ñ H D O E R E S A R O F L L E D
F R J L G G H V W I K C D M J I U L L M A N R T E
R R Q U E S O A S R O S T K T L J L A S A L S A D
E L W M G X J L W T N J Ñ B C O A O I L P A V O I
V Q K B R U R E S C A D O S I B H L R R S T A E
I U D U L C E I G V W Q X L V Y O Z W A X B C D N
S C H I E I F F H C H U D S G E N C H C R E M A T
T I J J K H T E E L G M E A U N R D Ñ F Ñ N F O E
A Z U C A R P B A C E I T E L E S C O B A F M S S
```

Horizontales:		Verticales:
ACEITE	PAVO	BOLSA
ARROZ	PESCADO	CUBETA
AZÚCAR	POLLO	CHAMPÚ
CATSUP	PUERCO	FRIJOL
CERDO	RES	JABÓN
CEREAL	SAL	KLEENEX
CREMA	SALSA	PAPEL DE BAÑO
DULCE	SOYA	PAÑALES
ESCOBA	YOGURTH	PASTA Y CEPILLO DE DIENTES
LECHE		REVISTA
QUESO		SERVILLETA

C. Encierre en un círculo ⬭ las respuestas correctas:

1.- Esas   grises
    Aquella ………..   pantalones son ……………   grisos
    Estos   gris

2.- Esas   buena estudiante
    Aquel ……………   muchacho es ………………   buenos estudiante
    Esta   buen estudiante

3.- Estas   dulce
    Esos ……………   manzanas están ……………   dulces
    Esa   dulzas

4.- Estas   bonito
    Este ……………..   casa tiene un jardín……….   bonita
    Aquella   bonitos

5.- Esos   felizas en la escuela
    Estas ……………   niños son …………………   feliz en la escuela
    Aquel   felices en la escuela

D. Describa estos objetos y llene el cuadro:

OBJETO	TAMAÑO	FORMA	COLOR	MATERIAL
Mesa				
Cuaderno				
Bote de basura				
Plato				
Cartera				
Cenicero				
Mantel				

E. Conteste negativamente:

Ej: ¿Éste es mi café? *No, no es suyo, es mío.*

1.- ¿Ésa es su bolsa?

2.- ¿Éste es mi diccionario?

3.- ¿Esta toalla es mía?

4.- ¿Aquellas pilas son de Luis?

5.- ¿Estas manzanas son suyas?

6.- ¿Aquellos dulces son del niño?

7.- ¿Ésta es mi servilleta?

8.- ¿Esos plátanos son suyos?

9.- ¿Éste es su carrito?

10.-¿Ésas son sus cosas?

F. Conteste con también o tampoco:

Ej: A: - Hay leche.   A: - No tengo dinero.
     B: - *También hay crema.*   B: - *Yo tampoco.*

1.- El niño tiene frío.

2.- No voy a pagar con tarjeta.

3.- Queremos comprar pescado.

4.- No encuentro las cubetas.

5.- Ella quiere probar el queso.

6.- Quiero hablar con mi familia.

G. Complete:

1.- Me da 100 gramos de _____, por favor.

2.- Me puede ayudar a _____, por favor.

3.- ¿Cuál es el mejor _____?

4.- ¿Cuál es la mejor _____?

5.- Quiero probar _____.

6.- Quiero aprovechar _____.

7.- Quiero las rebanadas _____.

8.- ¿De qué es _____?

9.- ¿De qué carne es _____?

10.- Perdone, estoy buscando _____.

11.- Disculpe, no encuentro _____.

12.- ¿Tiene descuento el _____?

13.- ¿Tienen descuento las _____?

14.- No hay _____, tampoco hay _____.

15.- Voy a pagar (en/con) _____.

16.- ¿Le doy _____?

17.- Sí hay _____, también _____.

18.- ¿Cuánto _____?

19.- ¿Cuántos _____ hay?

20.- ¿Para qué sirve _____?

21.- ¿Le ayudo a _____?

22.- ¿De quién es _____?

H. Adivine: ¿Qué es?

Seleccione un objeto (no comida) y diga cómo es para que su compañero de clase adivine. Tiempo máximo por palabra: 2 minutos.

Otros ejemplos: servilletas, toalla, revista, juguetes, cubeta, etc. O bien, use los siguientes objetos.

Use expresiones como: Es grande, pequeño, sirve para; se usa en (para)…; etc.

I. Lea la "Lista del Mandado", identifique los productos en la siguiente página.

1.- ½ k de carne de res.
2.- ¼ k de carne de puerco
3.- 300g de queso
4.- 1 bote de crema
5.- 2. ℓ. de leche
6.- 2 k. de azúcar
7.- 1 k. de arroz
8.- 1 lata de atún
9.- 1 botella de catsup
10..- 1 lata de salsa
11.- 1 caja de galletas
12.- 1 bolsa de dulces

13.- 1 frasco de café
14.- 1 paquete de servilletas
15.- 1 paquete de papel de baño de 6 rollos
16.- 1 barra de mantequilla
17.- 1 paquete de pañales
18.- 1 pasta de dientes
19.- 3 jabones de baño
20.- 1 bolsa de ½ k de jabón en polvo
21.- 1 botella de 1 ℓ. de suavizante para ropa
22.- ½ docena de huevo rojo
23.- 3 bolsas de sopa de pasta
24.- 1 bote de yogur

Ahora recorte las tarjetas y, a jugar ¡Memorama!

J. Escuche y conteste con sus propias palabras. Si tiene dudas consulte los diálogos del principio:

CONVERSACIÓN A:

DEPARTAMENTO DE SALCHICHONERIA

PISTA 19

CONVERSACIÓN B:

PISTA 20

CONVERSACIÓN C:

PISTA 21

K. CONVERSACIÓN:

1.- ¿Cada cuándo va al súper y qué compra normalmente?
2.- ¿Qué compra en salchichonería?
3.- ¿Qué marca le gusta?
4.- ¿Qué marca es su coche?
5.- ¿Cómo le gustan las rebanadas de jamón?
6.- ¿Con quién va normalmente al súper?
7.- ¿Aprovecha las ofertas y descuentos?
8.- ¿Encuentra todo lo que busca?
9.- ¿Son diferentes los supermercados en su país? ¿Por qué?
10.- ¿Qué piensa de las propinas?

L. EJERCICIO: Extra – clase / Tarea:

- En un supermercado o en una tienda de abarrotes pida jamón, salchichas, etc.
- Pida ayuda a un empleado para encontrar algo. Pregunte si tiene descuento, etc.
- Observe cuando compre, los letreros de arriba (en el techo) que dicen el nombre del departamento, el número de pasillo, las ofertas, etc.

M. Lea las siguientes cantidades.

1.-	$ 251.00	8.-	$ 713.70
2.-	$ 100.00	9.-	$ 976.60
3.-	$ 114.35	10.-	$1,116.00
4.-	$ 670.15	11.-	$ 840.20
5.-	$ 515.05	12.-	$ 767.76
6.-	$ 349.90	13.-	$2,900.00
7.-	$ 25.70	14.-	$ 88.80

N. Vea las siguientes promociones de un supermercado:

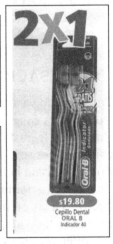

O. Escuche la grabación y llene el siguiente cuadro:

PISTA 22

Departamento	Producto	Precio	Oferta o Descuento

RESUMEN DE GRAMÁTICA

LOS DEMOSTRATIVOS

Los demostrativos son: este, esta, estos, estas; ese, esa, esos, esas; aquel, aquella, aquellos, aquellas. Los primeros indican una distancia mínima desde quien esta hablando; los segundos marcan una distancia intermedia; y los terceros indican lejanía. Sin embargo es necesario tomar en cuenta que la apreciación de la distancia es relativa para cada persona.

Los demostrativos se acentúan cuando se convierten en pronombres. Así: *esta casa es mía ---ésta es mía.* Pero en la pronunciación no existe ninguna diferencia.

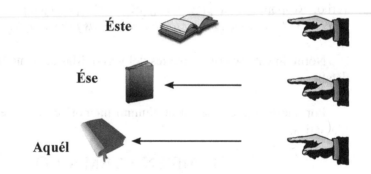

Es mi lápiz ------------------------- Es mío.

Es su pluma ------------------------ Es suya.

Son nuestros libros ----------------- Son nuestros.

LOS PRONOMBRES POSESIVOS

Son: mío, mía, míos, mías; tuyo, tuya, tuyos, tuyas; suyo, suya, suyos, suyas; nuestro, nuestra, nuestros, nuestras.

EJEMPLO: - *¿De quién es la pluma?*
              - *Es mía.*
              - *¿De quién son las llaves, suyas?*
              - *No, no son mías, son de Luis.*

Sustituyen al sustantivo, por lo que es incorrecto decir:

- *Este es mío lápiz.*

Recuerde que no dependen del sujeto, sino del objeto.

PRONOMBRES DE OBJETO DIRECTO

Los pronombres de objeto directo son: lo, la, los, las; tienen como función la de reemplazar el objeto donde recae, directamente, la acción del verbo. Responde a la pregunta ¿qué cosa?; por ejemplo: *¿quién tiene el número 35? - Yo lo tengo - Estoy buscando las pilas y no las encuentro.*

Normalmente se colocan antes del verbo. Más adelante se estudiarán con detalle.

Por ahora se recomienda al alumno memorice las frases sin analizar la gramática.

TAMBIÉN Y TAMPOCO

. "También" significa: "igualmente, del mismo modo, además". Confirma lo dicho anteriormente y siempre es afirmativo. Su negativo es "tampoco".

- *A mí también me gusta el tenis.*
- *No hay suavizante, tampoco hay mantequilla.*

HABER / HAY

Significa existencia y es indefinido. Se diferencia del verbo Estar, ya que éste es definido, especifica un objeto en particular. Por ejemplo:

-Hay unas personas en la oficina.
-Están las personas que invitamos, en la oficina.
-Hay un vaso en la mesa.
-Mi vaso está en la mesa.

No olvide que el verbo sólo se conjuga en tercera persona. Cuando es verbo auxiliar se conjuga en todas, pero se estudiará después.

EL VERBO SERVIR

El verbo servir también tiene diferentes significados, los más usuales son:

a) Prestar ayuda o hacer un favor: *¿Le puedo servir en algo?*
b) Traer la comida o bebida a la mesa: *¿Qué les sirvo?*
c) Ser útil para un fin: *Esto sirve para limpiar.*
d) Atender a los clientes en un comercio:
    ¿En que le puedo servir? o
    Para servirle.
e) Poner comida o bebida, en un plato, o en un vaso, etc.
    - ¿Les sirvo más café?
    -Yo me sirvo, gracias.

¿DE QUÉ?, ¿DE QUIÉN?, ¿DE DÓNDE?

En estas preguntas, la preposición "de" tiene significados diferentes. *¿De quién?* Se refiere a posesión, mientras que *¿de qué?* Se refiere al material o sustancia del que esta hecho algo. Posteriormente estudiaremos "¿de qué?", refiriéndose al tema, situación, objeto del que se quiere hablar. No olvide que ¿de dónde? significa procedencia.

¿Cuál? ¿Cuáles?. Es una pregunta donde normalmente tenemos opciones: ¿Cuál le gusta, el verde o el rojo? y en ocasiones, hace la función de *qué?* en otros idiomas como: *¿Cuál es su nombre?; ¿Cuál es su nacionalidad?; etc.*

Las palabras: voucher y ticket no corresponden a la lengua española, pero se usan comúnmente.

EL PRECIO Y LA CUENTA

Para preguntar el precio de un artículo, preguntamos: *¿Cuánto cuesta?*

Para pedir el total de una compra, preguntamos: *¿Cuánto es?*

Para preguntar por el costo de un servicio antes de decidir comprarlo, preguntamos: *¿Cuánto va a costar?*, o bien, *¿cuánto costaría?*[8]

Para preguntar al final, en un restaurante o en un hotel, se dice: *"La cuenta, por favor"*.

En un sentido más formal y en el trabajo, es común decir: *¿Cuál es el costo/precio?*, *¿Qué costo/precio tiene?*

Y para solicitar el desglose de un servicio que incluya varios aspectos, o un conjunto de artículos se usa: *Quiero pedirle una/la cotización, por favor = Quiero pedirle un/el presupuesto, por favor.*

En realidad, existen muchas formas de pedir un precio o la cuenta, dependiendo del lugar donde estemos y del sentido formal o informal. Conforme avance su nivel de español, aprenderá en estos materiales otras expresiones útiles.

文法まとめ

指示詞

　指示詞には este, esta, estos, estas（これ・この）、ese, esa, esos, esas（それ・その）、aquel, aquella, aquellos, aquellas（あれ・あの）があります。「これ・この」は、話し手から近い距離、「それ・その」は中くらいの距離、「あれ・あの」は遠い距離を表します。

　ただし、距離についての感覚には個人差がありますので気をつけなければなりません。

　代名詞として使う場合はアクセントをつけます。

　例：（指示詞）　　Esta casa es mía　　　この家はわたしのです。

　　　（代名詞）　　Ésta es mía　　　　　これは私のです。

　　　　発音に違いはありません。

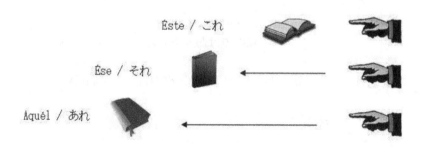

所有代名詞

　所有代名詞は「私の mío/a(s)、君の tuyo/a(s)、あなたの suyo/a(s)、私達の nuestro/a(s)、あなた達の suyo/a(s)」です。

（所有形容詞）　　　　　　　　　　（所有代名詞）

Es mi lápiz（私の鉛筆です）　/　Es mío（私のです）

Es su pluma（あなたのペンです）/　Es suya（あなたの　です）

Son nuestros libros（私達の本です）/ Son nuestros（私達のです）

例：　¿De quién es la pluma?　　誰のペンですか？

　　　Es mía.　　　　　　　　　私のです。

　　　¿De quién son las llaves, suyas?
　　　　　　　誰の鍵（複数）ですか？あなたのですか？

　　　No, no son mías, son de Luis.
　　　　　　　私のではありません。ルイスのです。

所有代名詞自体が述語となりますので、次の言い方は間違いです。

　　　Este ~~es mío~~ lápiz.

所有代名詞は主語ではなく、目的語に応じて性数変化します。

直接目的語の代名詞

直接目的語の代名詞には、lo, la, los, las があります。

動詞の直接の対象となる目的語を繰り返すために使われます。

例:　¿quién tiene **el número** 35?　誰が **35 番**を持っていますか?

　　Yo **lo** tengo.　　　　　　　私が**それ**を持っています。

　　Estoy busucando **las pilas** y no **las** encuentro.

私は**電池を**探していますが、**それらを**見つけることができません。

通常は動詞の前に置かれます。もっと先で再び練習しましょう。

より詳しくは後ほど学習しますので、今生徒さんへお勧めすることは、文法にこだわらず、文章を丸暗記することです。

TAMBIÉN / TAMPOCO　（副詞　ーも）

También は肯定文、Tampoco は否定文にて使われます。

　　Me gusta el tenis.　私はテニスが好きです。

　　A mí también.　　　私もです。

　　No hay suavizante, tampoco hay mantequilla.

　　　　　　　柔軟材がありません。バターもありません。

HABER / HAY

存在を示す不定動詞です。目的語を特定する estar 動詞とは異なります。

Están las personas que invitamos, en la oficina.

私達が招待した人々が事務所にいます。

Hay unas personas en la oficina.

事務所に複数の人がいます。

Hay un vaso en la mesa.　　机の上にコップがあります。

Mi vaso está en la mesa.　　私のコップは机の上にあります。

この動詞は3人称でのみ使われることを忘れてはいけません。助動詞である場合はすべての人称に使えますが、それについては後ほど学習します。

動詞　SERVIR

Servir という動詞もさまざまな意味を持ちます。

よく使われる言い方

a. 手伝うあるいは助ける
　　¿Le puedo server en algo?

何かお手伝いしましょうか？

b. 食べ物や飲み物をテーブルに運ぶ

　　¿Qué les sirvo?　　　何を差し上げましょうか？

c. ひとつの目的のために役立つ

    Esto sirve para limpiar.

        これは掃除をするために役立ちます。

d. 店で接客する

    En que le puedo servir?

        何かお役に立てることはありますか？

    Para servirle.   あなたのお手伝いをしますよ。

e. 食べ物や飲み物を皿にのせたりコップについだりする時

    ¿Les sirvo más café?

        もっとコーヒーをつぎましょうか？

    Yo me sirvo, gracias.

        私が自分でつぎます。ありがとう。

なにで？だれの？どこの？

これらの質問文において前置詞 de は異なる意味をもちます。

¿De quién?（誰の？）は所有の意味、一方 ¿De qué?（何で？）はものの材料や材質を意味します。会話のテーマや状況、話したいことの目的語を意味する ¿de qué?（何について）は後で学習します。

¿De dónde?（どこの？・どこから？）は起源・出所を意味します。

¿Cuál?, ¿Cuáles?（どれ？）は通常複数の案、または選択肢がある
場合の質問の仕方です。

"¿Cuál le gusta, el verde o el rojo?"（あなたは緑と赤のどち
らが好きですか？）

また場合によっては ¿qué? と同じ役割を果たし、"¿Cuál es su
nombre?"（あなたの名前は何ですか？）

"¿Cuál es su nacionalidad?"（あなたの国籍はどちらですか？）
のように使われます。

価格・費用

ものの価格をたずねる場合
　　　　¿Cuánto cuesta?　　　　　　いくらですか？

購入品の合計金額をたずねる場合
　　　　¿Cuánto es?　　　　　　　　いくらですか？

買う前にサービスの値段をたずねる場合
　　　　¿Cuánto va a costar?　　　いくらになりますか？
　　　　¿Cuánto costará?　　　　　いくらになりますか？

レストランやホテルで最後に支払い金額をたずねる場合：
　　　　La cuenta , por favor.　　　お会計をお願いします。

より丁寧な言い方、職場などで使われる聞き方：
　　　　¿Cuál es el costo/precio? ¿Qué costo tiene ?
　　　　　　　　　費用／価格はおいくらですか？

複数の費用が含まれるサービス費用、複数の品目の価格の明細をたずねる場合

Quiero pedirle una/la cotización, por favor.

明細をいただきたいのですが。

Quiero pedirle un/el presupuesto, por favor.

見積りをいただきたいのですが。

価格や費用をたずねるには、会話の場所や丁寧かそうでないかによっていろいろな言い方があります。生徒さんのスペイン語レベル上達にしたがって、本書の中でその他の役立つ表現を学習しましょう。

NOTA CULTURAL

LOS SUPERMERCADOS

En general, los grandes supermercados en México no son muy diferentes a los de cualquier país industrializado. Sin embargo, hay ciertas costumbres y preferencias hacia algunos productos y comidas. Sería recomendable que el alumno se interesara por conocer poco a poco estos productos y probar la comida e ingredientes mexicanos, cerciorándose de su fecha de caducidad, higiene y que no contuvieran componentes muy irritantes o fuertes como chile, grasa, condimentos, etc., en demasiada cantidad.

Además de los grandes supermercados, todavía existen en México lo mercados tradicionales y los típicos "tianguis", que son los que de manera informal, se establecen en las calles de diferentes colonias normalmente un día específico de la semana.

EL VERBO APROVECHAR

El verbo aprovechar, es muy usado en México, se refiere a poder emplear útilmente, alguna cosa, o bien, adelantar, mejorar, tomar la oportunidad. Y en otro sentido, también sacar la utilidad de algo o alguien, generalmente, con astucia, ventaja o abuso.

EJEMPLOS:
> *Quiero aprovechar las ofertas.*
> *Quiero aprovechar el tiempo libre para hacer algo.*
> *Hay que aprovechar esta oportunidad.*
> *¡Descuento sólo hoy! ¡Aproveche!*
> *Creo que, ¡se esta aprovechando de mí!*

OFERTA Y DESCUENTO

Las palabras oferta y descuento, no son iguales. OFERTA: Es un ofrecimiento o promesa de venta a un precio menor. DESCUENTO: Es el porcentaje real de reducción de una cantidad.

PESOS Y MEDIDAS

Los pesos y medidas en México, son diferentes a muchos países. Memorice las conversiones y así será más fácil hacer sus compras.

LAS PROPINAS

Las propinas en México, representan una costumbre generalizada que para los extranjeros es difícil evaluar. No se preocupe, también para los mexicanos a veces es difícil saber cuánto es lo correcto y en muchos casos, los parámetros de valoración son diferentes de una persona a otra, lo más importante de una propina es que generalmente no es obligatoria y es una forma de agradecimiento y estimulación por un buen servicio.

En este caso, se recomienda dar propina al niño o niña, quienes ponen las cosas en bolsas, dependiendo de la cantidad de cosas y de la ayuda que presten (por ejemplo, si las llevan también al coche).

Todo servicio puede implicar el pago de una propina, todo depende del esmero que se ponga en el servicio, o bien, si ya es muy tarde o es un día festivo. Así por ejemplo, el vigilante del estacionamiento, el botones del hotel, los servicios a domicilio, etcétera, normalmente requieren de una propina.

Los restaurantes solicitan el 10% del total del consumo, pero si usted no tuvo el servicio esperado no está obligado a pagarlo.

Ahora bien, no es lo mismo la propina que la limosna. Ésta es una donación voluntaria sin recibir nada a cambio y usted tiene la mejor decisión de dar o no, la cantidad y si es en dinero o en especie.

文化に関するメモ

　メキシコ国内の大型スーパーは先進諸国のスーパーとほとんどかわりません。だだし、いくつかの製品や食品に関する習慣や好みがあります。生徒さんはそれらの製品に少しずつ興味を持ち、メキシコ独特の食品や食材を試されるとよいでしょう。賞味期限や衛生状態に注意し、刺激の強いチリや脂、調味料が多く含まれていないかどうか気をつけてください。

　大型スーパー以外にメキシコには tianguis（日本でいう決まった曜日と場所で行われる青空市場のようなもの）と呼ばれる伝統的な出店や、mercados（毎日同じ場所で行われる市場）があります。メキシコ国内のあらゆる街の通りで開かれています。

動詞 APROVECHAR

　"Aprovechar" という単語はメキシコでとてもよく使われる単語です。「何かの役に立てる·進歩する·上達する·機会を利用する」などの他に「物や人を利用する」という意味にも使われますが、この場合「ずるい方法で悪用する·（人の弱さなどに）つけ込む」という意味で使われることがほとんどです。

例：　Quiero aprovechar las ofertas.

　　　　申し出（値下げ）を利用したい。

　　　Quiero aprovechar el tiempo libre para hacer algo.

　　　　自由な時間を何かをするために有効に使いたい。

　　　Hay que aprovechar esta oportunidad.

　　　　この機会を利用しなければなりません。

¡Descuento sólo hoy! ¡Aproveche!

ディスカウントは今日だけですよ。ご利用ください。

Creo que, ¡se está aprovechando de mí!

わたしを利用していると思います。

OFERTA と DESCUENTO の違い

これら二つの言葉は意味が異なります。

OFERTA : 提供・申し出あるいは商品の価格を下げる約束。
DESCUENTO : 値下げのパーセント。

重さと長さの単位

メキシコで使われる重さと長さの単位は他の多くの国々と異なります。単位を覚えることによって、買い物がしやすくなるでしょう。

チップ　PROPINA

　メキシコにおけるチップの支払いは外国人にとって理解し難い習慣です。しかし心配しないでください。メキシコ国民にとっても時にはいくらが正しいのか分かりにくく、多くの場合人によって判断の基準が異なるのですから。チップに関して理解しておくべきことは、その支払いは義務ではなく、よいサービスをしてもらった時の感謝を示す方法だということです。

　スーパーで購入品を袋に詰めてくれる子供にはチップを渡すことをお勧めします。詰めたものの数量や、それ以外の助け（車まで荷物を運んでもらった場合など）に応じてチップの金額を決めます。

　あらゆるサービスはチップ支払いの対象になりますが、サービスの入念さ、あるいは遅い時間のサービスや祝日のサービスであることにもよります。例を上げますと、駐車場の守衛やホテルのボーイ、ルームサービスなどは、通常チップの支払いを要します。レストランは請求金額の10％にあたるチップを要請します。しかし、もし期待したサービスを受けられなかった場合、支払いの義務はありません。

　また"propina"（チップ）と"limosna"（施し）は同じではありません。"limosna"は本人の意志による見返りを受けない寄付金ですので、支払う金額またはお金で渡すか、物で渡すかなどは自分で決めることになります。

UNIDAD 5 LA LLEGADA A MÉXICO

"¡Bienvenido a México!"

Escuche las conversaciones A, B, C y tome el papel del extranjero

CONVERSACIÓN A:

PISTA 23

EN LA ADUANA: El Agente – A; El Extranjero – E.

A: Buenas noches ¿Me permite sus documentos?
E: Sí, claro. Aquí están. Mi pasaporte y mi visa.
A: ¿Por qué visita México?
E: Porque voy a trabajar en una compañía americana.
A: ¡Ah! Entonces necesito ver su FM3.
E: Sí, aquí tiene.
A: ¿Cuánto tiempo piensa quedarse?
E: Como 2 años.
A: Entonces ¿sabe cuándo tiene que renovar sus documentos?
E: Sí, lo sé. Gracias.
A: Por favor, llene esta ficha y fórmese en esta fila. ¿Sabe cómo llenarla?

Marque si es verdadero – V, o falso – F:

1. El extranjero le enseña al agente su pasaporte y su visa......................V F
2. El extranjero va a trabajar en una compañía americana 12 años...........V F
3. El extranjero no sabe que tiene que renovar sus documentos................V F

CONVERSACIÓN B: El Agente – A; El Extranjero – E. Tome el papel de éste.

Presione el botón, si es verde, pase; si es rojo, tiene que esperar la revisión.

PISTA 24

A: ¿Puede abrir sus maletas? Tengo que revisarlas.
E: Sí, un momento por favor
A: ¿Qué tiene que declarar?
E: Traigo ropa, cosas personales, regalos, papeles, algunas cosas para mi casa, medicinas…
A: ¿Qué tipo de regalos trae?
E: Sólo algunos recuerdos para mis amigos.
A: Bien, ¿eso es todo?
E: Sí, es todo.
A: Puede cerrarlas, gracias.
E: ¿Dónde puedo tomar un carrito?
A: Allá están los carritos. ¿Quiere un maletero?
E: No, gracias prefiero llevarlas yo mismo.

Marque si es verdadero – V, o falso – F:

1. Al extranjero le tocó la luz roja.. V F
2. El extranjero tiene que pagar una multa por traer regalos .... V F
3. El extranjero prefiere cargar sus maletas .... V F

CONVERSACIÓN C: La Señorita – S; Sra. Di Gregorio – D. Tome el papel de éste.

S: A sus órdenes.

D: Señorita, ¡no llegaron mis maletas!

S: ¡Cómo! ¿Está usted segura?

D: Sí, claro que estoy seguro. No llegó ninguna maleta.

S: Vamos a llenar una solicitud para buscarlas. ¿Cuántas maletas son?

D: Son 2 grandes y una pequeña.

S: ¿Puede decirme cómo son?

D: Sí, una es grande, color negro, marca *Samsonite*, con rueditas. La otra es igual, pero en color rojo vino y la otra es un poco chica, de color rojo vino también, pero sin rueditas.

S: ¿Tenían una identificación con sus datos?

D: Sí, las grandes sí, pero la chica … no.

S: ¿De dónde viene?

D: De Nueva York.

S: ¿En qué línea viajó?

D: En American Airlines.

S: ¿En qué número de vuelo?

D: Vuelo 767.

S: Bien. Voy a pasar el reporte. Por ahora no podemos hacer nada.

D: Pero, ¿qué voy a hacer sin mis cosas?

S: Tenga paciencia, por favor. A lo mejor llegan en el próximo vuelo.

D: ¡Que barbaridad! ¡Ni modo!

Marque la opción correcta con una X:

1. El equipaje de la señora Di Gregorio

( ) Llegó tarde
( ) no llegó
( ) Llegó una maleta

2. Las maletas de la señora Di Gregorio son

( ) 2
( ) 3
( ) 4

3. Las maletas grandes son

( ) Una roja vino y otra negra sin rueditas
( ) Una negra y otra roja vino, ambas con rueditas

4. La maleta pequeña es

( ) Color rojo vino con identificación y rueditas
( ) Roja vino sin ruedas ni identificación

5. El número de vuelo fue

( ) 676
( ) 767
( ) 766

6. La señorita va a traer las maletas inmediatamente

( ) Sí
( ) No

7. La señora Di Gregorio está contenta con el buen servicio

( ) Sí
( ) No

EXPRESIONES Y VOCABULARIO

Multa
Medicinas
Maletas
Equipaje
Documentos / Papeles
Entonces
Dentro de + Tiempo
Fila (Formar)
Siga
Alto
Revisión
Tipo / Clase
Ropa
Cosas personales
Regalos
Recuerdos
Carrito
Maletero
Yo mismo(a)
Tarde
Rojo vino
Ruedas
Rueditas

Identificación
Vuelo
Inmediatamente
Servicio
¿Está seguro(a)?
Ninguno(a)(s)
Alguno(a)(s)
Solicitud
¿Cómo es / son?
Marca
Otro
Igual
También
Datos
¿En qué línea?
Reporte
Por ahora / Por el momento
Nada
Paciencia (Tener)
A lo mejor
Próximo
¡Qué barbaridad!
¡Ni modo!

VERBOS[9]

Cargar
Declarar
Enseñar
Formar(se)
Llenar
Pasar el reporte
Pensar
Preferir
Presionar
Renovar
Revisar
Viajar

---

[9]   Ver Material Complementario

EJERCICIOS.

A. Conteste y cambie el verbo:

1.- ¿Necesita(n) llenar esta ficha?
(yo) (nosotros) (ella)

2.- ¿Cuánto tiempo piensa(n) quedar(se)[10] en México?
(mi familia y yo) (yo) (mi esposo(a))

3.- ¿Puede(n) esperar en la sala?
(nosotros) (todos) (yo)

4.- ¿Tiene(n) que entregar sus documentos?
(yo) (los señores) (todos)

5.- ¿Sabe(n) hablar español?
(mi esposo(a)) (yo) (nosotros)

6.- ¿Quiere(n) ir al hotel en camión o prefiere(n) tomar un taxi?
(nosotros) (mi esposo(a)) (yo)

7.- ¿Est(á)(n) atrasado(s) o adelantado(s)?
(el avión) (los vuelos) (mi reloj)

8.- ¿Sabe(n) llegar a la salida internacional?
(yo) (ellos) (los señores y yo)

9.- ¿Quién(es) viene(n) por ustedes?
(mi amigo) (mi familia) (unas personas)

10.-¿Cuánto tiempo va(n) a estar aquí?
(yo) (mi familia y yo) (el señor)

11.-¿Qué trae en la maleta?
(nosotros) (mis hijos) (yo)

12.-¿Quién revisa sus maletas?
(ellos) (el agente) (la señorita)

---

[10] Verbo Reflexivo

B. Haga oraciones con:

1.- (algunos) _____
2.- (ropa) _____
3.- (dinero) _____
4.- (algunas) _____
5.- (gente) _____
6.- (ningún) _____
7.- (alguna) _____
8.- (ningunas) _____
9.- (algún) _____
10.- (ningunos) _____

C. Lea lo siguiente:

	Sale de:	Llega a:	Sale a las:	Llega a las:	En el vuelo:
1.-	Aguascalientes	Acapulco	7:00	10:20	315
2.-	Guadalajara	Cancún	7:10	11:00	137
3.-	Monterrey	Houston	15:10	19:50	2524
4.-	Veracruz	Los Ángeles	18:40	21:20	496
5.-	Oaxaca	México	19:05	20:05	139
6.-	México	Atlanta	15:45	19:50	600

D. Escuche la grabación y llene el cuadro:

PISTA 26

Línea	Vuelo	Horade Salida	Destino	Sala

E. Conteste. Use casi, más o menos, en punto, etc.:

¿QUÉ HORA ES? ¿A QUÉ HORA?

1. 9:25

2. 5:29

3. 8:10

4. 11:45

5. 1:15

6. 6:00

7. 2:44

8. 4:15

9. 11:30

10. 2:03

F. ¿Cómo está el tiempo / clima?

(a)   **(b)**   **(c)**

(d)   **(e)**

G. Responda las preguntas:

1.- ¿Cómo está el clima ahora?

6. ¿En qué meses hace calor en México?

2.- ¿Cómo está el clima en su país?

7. ¿Hay sol en estos días?

3.- ¿Está lloviendo aquí?

8. ¿Hace aire ahora?

4.- ¿Está nevando en su país?

9. ¿Hay luna llena hoy?

5.- ¿Hace frío aquí?

10. ¿Cómo es el clima en su país?

H. Haga oraciones en presente con dos verbos (usando verbos auxiliares) y expresiones de tiempo como: mañana, pasado mañana, la próxima semana, el siguiente mes, el año que entra, después, luego, al rato, etc.

Ejemplo: (Yo) querer *Quiero conocer Oaxaca el próximo año.*

1.- (Ella) necesitar _____.
2.- (El ingeniero) tener que _____.
3.- (Ellos) querer _____.
4.- (Yo) pensar _____.
5.- (Mi hijo) saber _____.
6.- (Yo) preferir _____.
7.- (Nosotros) necesitar _____.
8.- (Yo) poder _____.
9.- (Mis amigos) querer _____.
10.- (Ustedes) tener que _____.

I. Conteste las preguntas:

1.- ¿Por qué está en México?
2.- ¿Qué documentos necesita para estar aquí?
3.- ¿Cuánto tiempo va a quedarse?
4.- ¿Cada cuándo tiene que renovar sus papeles (documentos)?
5.- ¿Está seguro(a)?
6- ¿Sabe cómo llenar los papeles?
7.- ¿Cómo son sus maletas?
8.- ¿Sus maletas tienen identificación con sus datos?
9.- ¿Qué trae normalmente en sus maletas?
10.-¿Cuándo viaja en avión y de dónde viene?
11.-Normalmente, ¿en qué líneas viaja?
12.-Si pierde sus maletas, ¿qué tiene que hacer

J. Complete las oraciones:

1.- Me permite _____.
2.- Aquí está(n) _____.
3.- ¿Por qué _____?
4.- ¿Cuánto tiempo _____?
5.- Como _____ meses.
6.- Dentro de _____ regreso a Japón.
7.- ¿Qué trae _____?
8.- Traigo _____.
9.- ¿Qué tipo de _____?
10.- ¿Cuánto dinero _____?
11.- No llegaron _____.
12.- ¿Está seguro(a)? Sí, _____.
13.- Tengo que _____.
14.- ¿Puede decirme _____?
15.- ¿En qué _____? En _____.
16.- Dentro de _____ voy a _____.
17.- ¿Cuántas veces _____?
18.- No sé cómo _____.
19.- ¿Dónde está _____?
20.- A lo mejor _____.

K. Relacione las columnas:

1.- Lugar donde se registran los pasajeros:_____   a. Baños

2.- Lugar para esperar el avión:_____   b. Caseta telefónica

3.- Tarjeta para pasar directamente al avión:_____   c. Artesanías

4.- Lugar para guardar las maletas:_____   ch. Mostrador

5.- Tienda donde se venden medicinas:_____   d. Llegada

6.- Lo contrario de salida:_____   e. Guardaequipaje

7.- Lugar donde se hacen movimientos de dinero:_____   f. Extranjero

8.- Lugar para comer:_____   g. Banco

9.- Lugar donde se puede llamar por teléfono:_____   h. Aéreo

10.- Lugar donde se puede enviar correo electrónico:_____   i. Bar

11.- Persona de otro país:_____   j. Renta de auto

12.- Persona que viaja en avión, camión, etc.:_____   k. Abordar

13.- Servicio de alquiler de coche:_____   l. Mujeres/Damas

14.- Lugar para cambiar dólares, yenes, pesos, etc.:_____   ll. Exceso de equipaje

15.- Cosas típicas de México:_____   m. TUA

16.- Cuartos para lavarse las manos y hacer otras cosas:_____   n. Casa de cambio

17.- Lugar por donde se sale:_____   ñ. Entrada

18.- Pequeña sala para abordar:_____   o. Información

19.- Máquinas que sirven para llamar o comunicarse:_____   p. Cybercafé o Internet

20.- Que va o está en el aire:_____   q. Restaurante

21.- Lugar donde están los que llegan de otra parte:_____   r. Hombres/Caballeros

22.- Baños para:_____   rr. Sala de espera

23.- Lugar donde se revisan las maletas:_____   s. Teléfonos y celulares

24.- Cuando el equipaje pesa demasiado:_____   t. Farmacia

25.- Ticket para viajar:_____   u. Aduana

26.- Baños para:_____   v. Lobby

27.- Lugar para tomar bebidas:_____   w. Taxi

28.- Coche público:_____   x. Pasajero

29.- Lugar donde podemos preguntar:_____   xx. Correo

30.- Subir al avión:_____   y. Pase de abordar

31.- Sala principal y punto de encuentro:_____   yy. Boleto

32.- Lugar para mandar o enviar cartas:_____   z. Salida

33.- Impuesto de uso de aeropuerto:_____   zz. Sala de abordar

L. Escuche las conversaciones A, B, y C y tome el papel del extranjero.

CONVERSACIÓN A:

EN LA ADUANA: El Agente – A; El Extranjero – E.

PISTA 27

CONVERSACIÓN B:

EN LA ADUANA: El Agente – A; El Extranjero – E.
Presione el botón…

PISTA 28

CONVERSACIÓN C: La Señorita – S; El Extranjero – E.

M. Llene el siguiente formato:

PISTA 29

ESTADOS UNIDOS MEXICANOS	ESTADOS UNIDOS MEXICANOS
FORMA MIGRATORIA MÚLTIPLE (FMM)	FORMA MIGRATORIA MÚLTIPLE (FMM)

Forma migratoria múltiple — Registro de entrada / Registro de salida.

RESUMEN DE GRAMÁTICA

ALGÚN Y NINGÚN

Algún			Lápiz
Alguna	+	Sustantivo	Persona
Algunos			Niños
Algunas			Tiendas

Son adjetivos que expresan una cantidad indeterminada pero escasa. También pueden usarse como pronombres con la excepción de "algún" que cambia a "alguno".
- *¿Tiene algún libro de español?*
- *Sí, ¿quiere alguno?*
- *Algunas personas aprenden muy rápido y algunas otras necesitan más tiempo.*

Por otro lado tenemos:
Ningún
Ninguna
Ningunos   +   Sustantivo.
Ningunas

Expresa una cantidad nula, igualmente puede usarse como pronombre con la excepción de "ningún" que cambia a "ninguno".

IMPORTANTE: Es un negativo que sin embargo, generalmente, antepone "no" al verbo.

- *¿Tiene algún libro de español?*
- *No, no tengo ninguno.*
- *¿No llegó ninguna maleta?*
- *No, no llegó ninguna.*

GENTE, ROPA Y DINERO

Las palabras gente, ropa y dinero son sustantivos colectivos que siempre son singulares por lo que es incorrecto decir: *"voy a lavar las ropas"* o *"tengo muchos dineros".*

Algunos mexicanos utilizan el plural gentes como sinónimo de personas, (aunque despectivamente), pero gente significa conjunto de personas por lo que se recomienda usar esta palabra sólo en singular.

LA HORA

Para preguntar la hora, de este momento, existen 4 opciones:
- *¿Qué hora es?*
- *¿Qué horas son?*
- *¿Qué hora tiene?*
- *¿Me da su hora?*

Para contestar se puede prescindir del verbo.

5:30 *(Son) las cinco y media.*
3:45 *(Son) cuarto para las cuatro.*
1:10 ***(Es) la** una y diez.*

En el caso de preguntar la hora de un evento se dice:

- *¿A qué hora es la clase?*
- *A las seis en punto.*
- *¿A qué hora es la reunión?*
- *A la una y media.*

Observe:

15 minutos = cuarto.
30 minutos = media.
45 minutos = cuarto para las …, o faltan 15 minutos para las …..

Es más común decir: 4:15 = *"son las cuatro y cuarto",* que *"son las cuatro y quince".*

Es muy raro escuchar la hora exacta como: 11:58 *son las once cincuenta y ocho,* o bien, 6:24 *son las seis veinticuatro.* Esto se usa en el radio y la televisión. Normalmente decimos: 11:58 *son casi las doce*, o bien, 6:24 *son casi las seis y veinticinco*.

Si alguien le dice: *nos vemos más o menos a las 12*, el rango de tiempo puede ser de 15 o 20 minutos.

EL CLIMA

Casi siempre que se inicia una conversación, se habla sobre el clima. Por esta razón, es muy importante que el alumno aprenda las expresiones como:
- *¡Qué bonito está el día / cielo!*
- *¡Cuánto calor / frío hace!*
- *¿Cómo está el clima hoy?*
- *¿Cómo está el clima en México?*
- *Me gusta el clima de esta ciudad.*

Y recuerde:
Hace:
- (mucho / un poco de) calor
- (mucho / un poco de) frío
- buen tiempo
- mal tiempo
- (mucho / un poco de) aire

Hay:
- sol
- luna (llena)
- estrellas
- nubes
- viento
- humedad
- lluvia
- nieve

Está:
- Lloviendo
- Nevando
- Haciendo (mucho / poco) calor / frío
- Nublado

IMPORTANTE: La temperatura en México se mide en grados centígrados. Por ejemplo: *35° C*

EXPRESIONES DE TIEMPO FUTURO

Las expresiones como mañana, pasado mañana, la próxima semana, el siguiente mes, el año que entra, después, luego, al rato, etc., se colocan en cualquier parte de la oración.
Ejemplo:
- *La próxima semana voy a comprar los boletos.*
- *Voy a comprar los boletos la semana próxima*

CUÁNTO Y CUÁNTOS

No olvide que ambos se refieren a cantidad y la estructura al preguntar varía de otros interrogativos. Por ejemplo:
- *¿Cuántas personas hay en la sala?*

Interrogativo   sustantivo   verbo   complemento

Sin embargo, si se trata de dinero o tiempo el interrogativo es "Cuánto" en singular. Por ejemplo:
- *¿Cuánto cuesta?*
- *¿Cuánto dinero necesita?*
- *¿Cuánto tiempo tarda?*

LOS VERBOS AUXILIARES

Los verbos auxiliares son: necesitar, poder, querer, pensar, saber y preferir, ya que pueden utilizarse con otro verbo en infinitivo y además de ser comúnmente usado, es muy fácil y conveniente apoyarse en ellos para la conversación.

TENER QUE, HAY QUE Y DEBER

La expresión "tener que" también es muy usual, significa necesidad absoluta u obligación de hacer algo. Se usa, junto a otro verbo en infinitivo: *Tengo que ir; tengo que llevar; tengo que renovar mi FM3.*

Otros verbos que tienen el mismo significado son deber y hay que.
- HAY QUE: Se usa para situaciones generales, es impersonal y, por consiguiente, más suave y amable.

- DEBER: Implica una mayor obligación, principalmente moral, es fuerte y autoritario. Es el que se utiliza menos.

Ejemplos
- *Hay que hacerlo.*
- *Debemos trabajar más,*

文法まとめ

ALGÚN / NINGÚN

Algún

Algunas   ＋   名詞

Algunos

Algunas

　不定のわずかな数量を表す形容詞です。代名詞として使われること
もありますが、その際 "algún" が "alguno" に変わります。

¿Tiene algún libro de español?
　　何かスペイン語の本を持っていますか？

Sí, ¿quiere alguno?
　　はい、何冊か欲しいですか？

Algunas personas aprenden muy rápido y algunas otras
Necesitan más tiempo.
　　何人かの人たちはとても早く習得し、他の何人かは
　　もっと時間を必要とします。

Ningún

Ningunas   ＋   名詞

Ningunos

Ningunas

一方、ningún は、数量ゼロ、全くないことを表します。代名詞として使う際には、"ningún" が "ninguno" に変わります。

重要ポイント：否定語は、通常動詞の前に "no" を置きます。

> ¿Tiene algún libro de español?
> 何かスペイン語の本を持っていますか？

> No, no tengo ninguno.
> いいえ、全く持っていません。

> ¿No llegó ninguna maleta?
> 荷物は一個も届きませんでしたか？

> No, no llegó ninguna.
> いいえ、一つも届きませんでした。

GENTE / ROPA / DINERO

Gente（人々）、ropa（服）、dinero（お金）は集合名詞ですから、常に単数形で使います。ですから voy a lavar las ropas（服を洗います）や tengo muchos dineros（私はお金をたくさん持っています）などの表現は間違いです。

メキシコ人でも personas 人々の類義語（軽蔑的な意味合いで）として gente を複数形の "gentes" で使う人がいますが、gente 自体が人々の集合体を意味する言葉ですから、単数形でのみ使うことをお勧めします。

LA HORA　時間

何時ですか？と時間をたずねるための表現は４つあります。

> ¿Qué hora es?
> ¿Qué hora son?
> ¿Qué hora tiene?
> ¿Me da su hora?

答えるためには動詞を省略することもできます。

(Son) las cinco y media.　　　　5時半です。

(Son) cuarto para las cuatro.　3時45分です

(Es) la una y diez.　　　　　　1時10分です。

あるイベント、行事の時刻をたずねる際の言い方

¿A qué hora es la clase?　　　授業は何時ですか？

A las seis en punto.　　　　6時ちょうどです。

¿A qué hora es la reunión?　集会は何時ですか？

A la una y media.　　　　一時半です。

次のような言い方もあります。

15分 =cuarto

30分 =media

45分＝15分前、…時までにあと15分足りない（=直訳）

4時15分を表すのに、"son las cuatro y quince"よりも"son las cuatro y cuarto"という言い方がより一般的です。

11 時 58 分（son las once cincuenta y ocho）や 6 時 24 分
（son las seis veinticuatro）を時刻ぴったりに表現することは珍
しく、テレビやラジオで耳にするくらいです。普通は「12 時近いで
す」あるいは「6 時 25 分くらいです」のような言い方になります。

　誰かに「12 時ごろに会いましょう」と言われた場合、時間的な幅は
15 分から 20 分と考えればよいでしょう。

EL CLIMA　天気

　会話を始めるときに最初に話題となるのは天気です。だからこそ生
徒さんにとって以下のような表現を学ぶことはとても大切です。

¡Qué bonito está el día / cielo!
　　　　　　　　なんてよい天気の日・空でしょう！

¡Cuánto calor / frío hace!　　　なんて暑い・寒いのでしょう！

¿Cómo está el clima hoy?　　　今日の天気はどうですか？

¿Cómo está el clima en México?　メキシコの天気はどうですか？

Me gusta el clima de esta ciudad.
　　　　　　　　わたしはこの街の天気が好きです。

☆覚えましょう

Hace ＋

(mucho / un poco de) calor 　　（とても・少し）暑い

(mucho / un poco de) frío 　　（とても・少し）寒い

 buen tiempo 　　　　　　　　天気がよい

 mal tiempo 　　　　　　　　　天気が悪い

(mucho / un poco de) aire 　　（とても・少し）風がある。

Hay ＋

sol 　　　　　　　　　太陽が出ている
luna (llena) 　　　　　月（満月）が出ている
estrellas 　　　　　　　星が出ている
nubes 　　　　　　　　雲がある
viento 　　　　　　　　風がある
humedad 　　　　　　　湿気がある
lluvia 　　　　　　　　降雨がある
nieve 　　　　　　　　　雪がある

Está ＋

lloviendo 　　　　　　　　雨が降っている
nevando 　　　　　　　　　雪が降っている
nublado 　　　　　　　　　曇っている
haciendo (mucho / poco) calor / frío
　　　　　　　　　　（とても・少し）暑い・寒い状態である

　重要ポイント：メキシコでは温度を表すため、35℃のように摂氏を
用います。

未来形の表現

Mañana（明日）、pasado mañana（あさって）、la próxima semana
（来週）、el siguiente mes（来月）、el año que entra（来年）、
después, luego（後で）、al rato（もう少し経ったら）などは文章
の中でどの位置に置くこともできます。

　例：　来週私は切符を買います。

　　La próxima semana voy a comprar los boletos.

　　Voy a comprar los boletos la semana próxima.

CUÁNTO Y CUÁNTOS

この2つの単語は数量を表します。質問する際の文章の構造は他の
疑問文と異なります。

　　例：　何人の人が部屋にいますか？

　¿Cuántas personas hay en la sala?

　　　疑問詞　　名詞　　動詞　補語

ただし、お金や時間についての疑問文では Cuánto を単数形で用いま
す。

例：　¿Cuánto cuesta?　　　　　いくらですか？

　　¿Cuánto dinero necesita?　　お金がいくら必要ですか？

　　¿Cuánto tiempo tarda?　　どのくらい時間がかかりますか？

補助動詞

補助動詞には necesitar（必要とする）、poder（できる）、
querer（好きである）、pensar（考える）、saber（知っている）
preferir（好む）などがあります。他の動詞の不定形とともに使うこ
とができ、ごく頻繁に使われる上、会話で使うと簡単で役立ちます。

TENER QUE, HAY QUE Y DEBER

tener que の表現はとてもよく使われ、その意味は何かをする必要性や義務を表します。他の動詞の不定形とともに使います。

Tengo que ir（行かなければなりません）、Tengo que llevar（持っていかなければなりません）、Tengo que renovar mi FMM（私のFMM を更新しなければなりません）。

同じ意味をもつ動詞に deber と hay que があります。

Deber: より重要な義務、おもに道徳的な義務を表し、言い方は強く

　　　　命令的な言い方です。Hay que よりも使われることが少ない

　　　　です。

Hay que. 一般的な状況において使用され、無人称であるため、

　　　　より柔らかい親切な言い方です。

例：　　Debemos trabajar más.　　私達はもっと働くべきです。

　　　　Hay que hacerlo.　　　　　それをしなければなりません。

NOTA CULTURAL

LOS PROBLEMAS DEL EQUIPAJE

La llegada a cualquier ciudad de México por avión, puede ser una experiencia inolvidable… positiva o negativamente. Sí usted no tiene ningún contratiempo, ¡felicidades!, pero si tiene algún problema no se desespere.

Ocasionalmente las aerolíneas pierden las maletas, se recomienda identificar perfectamente todo su equipaje y recordar la forma, el color, tamaño, y en general características de cada maleta, así como su contenido. Finalmente, se aconseja tener paciencia, pues el servicio suele ser un poco lento.

LA ADUANA – EL SEMÁFORO

Las medidas de seguridad, a nivel mundial, se han intensificado apegándose a normas estandarizadas. En México, existe el semáforo aduanal que da al pasajero la oportunidad de librar la revisión si le toca la luz verde, bajo la condición de que si el pasajero no declaró previamente objetos que requieran pagar impuesto o cosas que estén prohibidas y le toca el rojo del semáforo (lo que significa la revisión del equipaje), se atendrá a las consecuencias que pueden ser, desde el pago de una multa, hasta la detención.

LA HORA

En la actualidad, se está fomentando la cultura de la puntualidad y de la formalidad en los mexicanos. Sin embargo, si usted requiere que una cita sea a la hora exacta puede decir: *"Nos vemos a las 10 y 20, en punto"*. O: *"lo espero a las 11 en punto, por favor"*. O *"¿es seguro que va a venir mañana?"*.

Los eventos sociales, como las fiestas, misas, reuniones, etcétera, eventualmente no son tan puntuales. En ocasiones se anotan en las invitaciones 15 o 30 minutos de anticipación a la hora real del evento. En una fiesta o una reunión la invitación puede ser a las 9, pero (a menos que desee llegar a barrer), lo recomendable es llegar, por lo menos, una hora después.

Lo mejor es preguntar al anfitrión: *¿A qué hora es mejor llegar? o ¿a qué hora va a empezar (la misa)?*

EL SERVICIO DE LOS TAXIS

Los taxis en México normalmente ofrecen un buen servicio. Sin embargo, en ocasiones cobran más de lo permitido. Es recomendable preguntar antes de abordar, si el chofer conoce el lugar a donde se desea ir y el costo del viaje; frecuentemente, no hay un taxímetro y el chofer sólo se guía por la distancia o la dificultad que tenga para llegar a ese lugar.

Generalmente, a los taxistas les gusta platicar mucho con el pasajero, es una característica mexicana y realmente resultan excelentes guías de turistas.

Por razones de seguridad y garantía, procure sólo abordar taxis autorizados, ya sea en el aeropuerto, en las centrales camioneras o solicítelos en el hotel donde se hospeda. El servicio es un poco más caro, pero irá más seguro y si llega a tener algún problema (como el que el chofer maneje demasiado rápido), no dude en presentar su queja, anotando la placa del coche o el número que tienen asignado; todos deben llevar una identificación con foto a la vista del pasajero.

Finalmente, si usted obtuvo un excelente servicio no dude en dar una propina al conductor.

IDENTIFICAR PLENAMENTE A LA PERSONA QUE LO RECOJA

Por razones de seguridad, si usted llega a través de una agencia de viajes, un representante de hotel o de su compañía y no está completamente seguro de que la persona que lo recibe es el indicado, no dude en pedirle una identificación personal o de la compañía a la que pertenece.

No confíe mucho en las personas que se acerquen a usted ofreciendo servicios, seguramente algunas tendrán buenas intenciones, pero siempre es mejor contratar en lugares garantizados.

Y... ¡bienvenido a México!

文化に関するメモ

荷物の問題

　飛行機でメキシコ国内のいずれかの都市に到着することは、忘れられない経験となるでしょう．．． よい意味でも悪い意味でも。

　時に、航空会社は荷物を紛失することがあります。ですから自分の荷物を完璧に識別し、形や色・大きさや個々の荷物の特徴や中身をよく覚えておくことが勧められます。サービスに時間がかかることはよくあるので、辛抱が必要です。

通関－信号

　世界的にも安全のための対策は強化され、標準的な規則となりつつあります。メキシコにおいては通関時、信号が設けられ、事前に税金の支払いを要する物品、あるいは危険物の持ち込みを申告していない限り、その信号で緑が表示されれば乗客が通過できるシステムとなっています。赤信号の場合は荷物の検査が行われ、その結果に応じては罰金の支払い、場合によっては逮捕されることもあり得ます。

時刻

　現在ではメキシコ人にも時間厳守やフォーマルな習慣が形成されつつありますが、いずれにしても約束に対して時間厳守を要求したいときは、Nosvemos a las 10 y 20 en punto. （10時20分ちょうどに会いましょう）とか lo espero a las 11 enpunto, por favor （11時ぴったりに待っていますからね、お願いします） ¿es seguro que va a venir mañana?（明日来ることは確かでしょうね？）などの表現を用いることができます。

　パーティやミサ、集会といった社会的なイベントは普通あまり時間厳守ではありません。人々が時間通りにくるよう、招待状にはイベント開始時刻の 15 分から 30 分前の時刻を記載する習慣もあるほどです。9 時に招待されたとしても（会場の掃除＝準備をする気がなければ…）少なくとも 1 時間後に到着することをお勧めします。

一番よいのは会の主催者に¿A qué hora es major llegar?（何時に着くのがよいですか？）

¿a qué hora va a empezar（la misa ）?（何時に（ミサは）始まるのですか？）と聞いてみることでしょう。

タクシーのサービス

　通常メキシコのタクシーはよいサービスを提供します。しかし、時には決められた以上の料金を請求されることもあります。ですから乗車する前に運転手が行き先を知っているか、また乗車料金についても質問しておくことをお勧めします。

　一般的にタクシーの運転手は乗客と話すことがとても好きです。メキシコ人の国民性であり、優れた観光案内役でもあります。安全のために、空港やバスステーションで許可されたタクシーのみを利用すること、また宿泊先のホテルでタクシーを呼んでもらうようにしてください。サービス料金は割高ですが、より安全に移動することができます。もし何か問題があれば（運転手がスピードを出しすぎるなど）、必ずクレームを出すべきです。そのためにタクシーのナンバープレートや、登録番号を控えておくとよいでしょう。どのタクシーも、乗客から見える位置に写真付きの身分証明書を携帯していなければなりません。

　もしよいサービスをうけた場合は運転手にチップをあげることをお忘れなく。

迎えの者を正しく識別する

　到着時に迎えてくれる人が、旅行会社、ホテルまたは会社の人で、自分の知らない者である場合、安全のためにも迎えの相手に対し、個人あるいは会社の身分証明書の提示を求めることが必要です。

　サービスを提供しようと近づいてくる人をあまり信用してはいけません。好意的な人もいるはずですが、つねに保証された場所でサービスを契約するほうがよいでしょう。

　メキシコへようこそ！

MATERIAL COMPLEMENTARIO

付属資料

UNIDAD 1

Ejercicios

C. Ejercicio de pronunciación. Escuche y repita.

1. amigo **2.** café **3.** momento **4.** mucho gusto **5.** bueno **6.** crema **7.** cerveza **8.** coche **9.** ¿Dónde? **10.** ciudad **11.** usted **12.** fuego **13.** juego **14.** ingeniero **15.** Miguel **16.** hasta luego **17.** ahora **18.** hijo **19.** trabajo **20.** jugo **21.** kilo **22.** pluma **23.** amable **24.** mal **25.** me llamo **26.** niño **27.** paquete **28.** pelo **29.** pero **30.** perro **31.** quiero **32.** rojo **33.** refresco **34.** por favor **35.** arroz **36.** seis **37.** televisión **38.** té **39.** Xochimilco **40.** exámen **41.** México **42.** ayudar **43.** maya **44.** zapato

D. Escuche y escriba: (Se presenta la palabra, se deletrea y se dice nuevamente).

1. igualmente **2.** apellido **3.** Compañía **4.** dirección **5.** bienvenidos **6.** extranjero **7.** restaurante **8.** cocinero **9.** fruta **10.** poquito **11.** Hernández **12.** carro **13.** juego **14.** Mayo **15.** Quetzalcóatl

H. Escuche y converse con sus propias palabras: Se repiten las <u>conversaciones A y B.</u> Los alumnos contestan con sus propias palabras de acuerdo a su experiencia.

Conversación A:

L: (su respuesta)
G: Buenos días señorita Leal. ¿Cómo está?
L: (su respuesta)
G: Bien gracias, le presento a mi esposa María Luisa.
L: (su respuesta)
ML: Mucho gusto. Hasta luego.
L: (su respuesta)

Conversación B:

Y: (su respuesta)
H: ¡Hola! Bienvenido a México.
Y: (su respuesta)
¿Conoce a la señorita Bety?
Y: (su respuesta)
B: Igualmente.
Y: (su respuesta)
B: Perdón, ¿Cómo?
Y: (su respuesta)
B: Ah sí, Pero… ¿gusta tomar algo? Refresco, agua, café.
Y: (su respuesta)
B: Con mucho gusto. ¿Con crema y azúcar?
Y: (su respuesta)
B: Sí, cómo no, un momentito.
Y: (su respuesta)
-Se llama Erika.

J. Complete:

1. Comemos 2. Conozco, conoce 4. escribe 5. me llamo, se llama 6. presento

K. Ser o Estar:

1. estoy 2. son/están 3. es/está 4. está 5. Somos 6. Es 7. están 8. Es 9. Son, está 10 es, está

M. Lea con atención y cambie el verbo (si es necesario):

1. es 2. estudian 3. viven 4. trabajan 5. tiene 6. Se llama 7. está 8. habla 9. escribe 10. recibe 11. lleva 12. ayuda 13. tienen 14. llega 15. toma 16. lee 17. ve 18. conoce 19. escucha 20. salen 21. comer 22. regresa 23. visita 24. Llega 25. revisa 26. prepara 27. terminan 28. llegan 29. cenan 30. ven 31. descansan

Al final del último ejercicio (fotografías y presentaciones) el alumno escribirá su nombre, su ocupación y su nacionalidad en el espacio provisto para ello.

UNIDAD 2

Escuche la grabación dos veces, llene los espacios y después lea:

1. ¡Bienvenidos! 2. favor 3. Una cerveza 4. refresco 5. baño 6. bonita 7. donde 8. ciudad 9. de 10. vivimos 11. todo 12. Invitación

¿De dónde es la bandera?

México	Estados Unidos
Korea	Uruguay
Suiza	Canada
Inglaterra	Francia
Japón	Alemania

Ejercicios

A. ¿De dónde es?/ ¿De dónde son?:

Mujer con sombrero blanco (5). Hombre con turbante rojo (7). Hombre con falda (2). Hombre con turbante blanco (6). Hombre vestido de mariachi (4). Mujer con kimono (8). Dos mujeres en establecimiento (3). The Beatles (1).

B. Cambie como en los ejemplos:

1. Los niños son simpáticos.
2. Las historias son interesantes.
3. Los museos están lejos.
4. Los coches son amplios.
5. Los señores están muy cansados.
6. La manzana está cara.
7. El niño está contento.
8. La computadora es nueva.
9. La comida está sabrosa.
10. El coche es muy rápido.

F. Cambie al diminutivo:

1. momentito 2. niñita 3. tequilita 4. perrito 5. ratito

G. Escriba un ejemplo con el diminutivo de las siguientes palabras:

1. chiquito 2. cochecito 3. abuelito 4. bolsita 5. ahorita 6. Marianita
7. Paquito 8. regalito 9. cafecito 10. hermanito

H. Escriba el, la, los, las, un, una, unos, unas:

1. el/un 2. el/los 3. las/unas 4. el/un 5. el/un 6. la/una 7. las/unas 8. el/un 9. la/
una 10. las/unas 11. el/un 12. el 13. la/una 14. el/un 15. el/un 16. el/un 17. el/
un 18. el/un 19. los/unos 20. el 21. la/una 22. la/una 23. los/unos 24. el/un
25.la/una 26. el/un 27. el/un 28. la/una 29. el/un 30. el/un

I. Complete de la misma manera

1. una/la 2. la/la 3. el/la 4. los/al 5. el/un

J. Escuche y diga que es:

gallo / coche / pájaros / puerta / piano / reloj / perro / bebé / lluvia

K. Escuche y diga si es él, la, los, las, ó un, una, unos, unas:

Baño / días / televisión / botanas / tequila / problema / coches / manos / tiempo / estudiante / café / dirección / inglés / visitas / reunión / maestra / domingos / mes / ciudad / fin de semana:

L. Complete la historia:

1. El 2. trabaja 3. se llama 4. viven 5. la 6. hablan 7. toman 8. los 9. ve 10. la 11. la 12. lee 13. una 14. los 15. visitan 16. sus 17. regresan 18. la 19. las 20. las 21. son

N. complete las columnas.

1. Que les vaya bien. 2. Que tenga buen viaje. 3. Que tengan buen día. 4. Que tenga buen fin de semana. 5. Que se mejoren. 6. Que descanse.

Ñ. complete el diálogo.

1. Noches 2. Pasen 3. Invitación. 4. Siéntense 5. Gustan 6. Cerveza 7. Favor 8. Té 9. Claro 10. El baño 11. Por supuesto 12. Bonita 13. Dónde 14. México 15. Japón 16 y 17. (el alumno contesta) 18. Hace 19. Vivo 20. Vamos 21. La invitación 22. Contentos 23. Su casa 24. Luego 25. Les vaya bien.

O. escuche, imagine la situación y conteste con sus propias palabras.

Sra. Ana: "A"; Sr. Bernardo: "B"; Sra. Cathy: "C"; Sr. Katsuo: "K".
A: Buenas noches. ¡Bienvenidos!
B: Adelante, pasen por favor.
C y K: Buenas noches, muchas gracias.

B: Siéntense, por <u>favor</u>.

A: ¿Qué gustan tomar? <u>Una cerveza,</u> una cubita, un tequila...

C: Una cerveza está bien, gracias.

K: Yo, mejor un <u>refresco</u> solo, por favor.

A: ¡Sí!, cómo no.

B: Aquí tienen una botanita.

K: Disculpe, ¿puedo pasar a su <u>baño</u>?

B: Claro, pase usted.

K: Gracias, con permiso.

B: Pase.

C: ¡Qué <u>bonita</u> es su casa!

A: Gracias, a la orden.

C: Muchas gracias.

B: Y... ¿de <u>donde</u> son ustedes?

C: Yo soy americana y mi esposo es japonés. Yo soy de la <u>ciudad</u> de Nueva York y él es de la ciudad <u>de</u> Yokohama.

B: ¡Qué interesante! Nosotros somos de la ciudad de México, pero hace 6 años que <u>vivimos</u> aquí.

      (Después...)

K: Bueno, ya nos vamos. Muchas gracias, por <u>todo</u>. Estuvimos muy contentos.

A y B: ¡Qué bueno! Aquí tienen su casa.

C: Gracias por la <u>invitación,</u> hasta luego.

A y B: ¡Que les vaya bien!

UNIDAD 3

Escuche la grabación y llene los espacios:

Conversación:

1. tal **2**. Menos **3**. Viene **4**. Podemos **5**. Mis **6**. tiene **7**. es **8**. sé **9**. Voy **10**. está **11**. Veras **12**. digo **13**. conoce **14**. tiempo **15**. tu **16**. necesito **17**. traes **18**. pongo.

Ejercicio de comprensión. Marque con una X si es verdadero o falso.

1. V   5. F
2. V   6. V
3. F   7. V
4. F   8. V

Ejercicios

B. Llene el siguiente cuadro con la información anterior:

Roberto: 21 años, alto / Güero, delgado / Alegre y simpático / Trabaja en el periódico "El Sol"
Nancy: 28 años / Bajita morena clara, un poco gordita / Muy amable y activa / Dentista.
Raúl: No se especifica su edad / Poco alto, blanco, de pelo negro / Muy serio y tímido, pero muy estudioso / Estudia.
Claudia: No se especifica edad / Alta, muy guapa y tiene bonito cuerpo / Es actriz y canta muy bien.
Gaby y Luis: No se especifica edad / El es más chaparrito que ella / Se quieren mucho / Dan clases de computación.
Sabashka: No se especifica edad / Chiquita, gris y blanca / Cariñosa y muy graciosa / Corre muy contenta con su dueña.

D. Conteste las preguntas:

1. La hija de Lolita y Enrique 2. La hermana de Lolita 3. Primas 4. No, es su hijo 5.Cuñadas 6. Enrique 7. Lila, Daniel y Dany 8. Ricardo, Queta y Lucy

F. Resuelva el siguiente crucigrama:

Horizontales: 1. Mamá 2. Papá 3. Tío 4. Soltero 5. Primos 6. Suegros 7. Cuñado 8. Delgado 9. Bebé 10. Serio / **Verticales:** 11. Famoso 12. Alto 13. Activo 14. Blanco 15. Nieto 16. Sobrino 17. Grande 18. Abuelo

G. Escuche y escriba el número:

1. El es un poco grande de pelo más o menos negro y usa lentes. Está contento pero un poco preocupado.
2. Ella es guapa, un poco alta, blanca y delgada. Es activa y en su tiempo libre juega tenis.
3. Es grande, rubia y no muy bonita. Tiene la nariz y los ojos grandes. Es seria pero muy amable.
4. Es morena de ojos color café. Es trabajadora y alegre. Es casada y tiene **2** hijos. Está contenta porque tiene un buen trabajo.
5. Es alto, fuerte, un poco blanco y muy guapo. Tiene **28** años. En su tiempo libre va al gimnasio para hacer ejercicio.
6. Es bajita, no muy delgada. Es maestra de música en la universidad. Siempre está ocupada y no tiene mucho tiempo libre.

Imágenes de izquierda a derecha empezando por la imagen de la rubia.

(3)   (6)   (5)
(2)   (4)   (1)

H. Escriba lo contrario. Si es necesario, busque en el diccionario.

Triste/enojado	**Grosero**	**Grande**
Alegre/simpatico	**Contento**	**Malo**
Ruidoso	**Mayor**	**Siempre**
Bonito	**Nunca**	**Pesado/serio**
Alto	**Separados**	**Activo/trabajador**
Negro	**Gordo**	**Contento/feliz**

I. ¿En qué trabaja? ¿Qué es?

1. Plomero **2.** Jardinero **3.** Cartero **4.** Fotógrafo **5.** Cocinero **6.** Policía
7. Dentista **8.** Mecánico **9.** Enfermera

J. Cambie a la primera persona del singular: YO.

1. Yo hago	9. Yo vengo
2. Yo voy	10. puedo
3. Yo no quiero	11. Traigo / juego
4. Yo conozco	12. entiendo
5. …yo tengo	13. Doy
6. Salgo	14. Oigo
7. sé	15. Traigo / pongo
8. Soy / estoy	

K. Escuche y diga cómo es la persona y cómo está:

1. Hola, yo soy Haydee. Soy blanca, alta, delgada. Todos los días voy a la universidad, hago ejercicio, estudio inglés y francés. Soy soltera y tengo dos novios.
2. Buenas tardes. Mi nombre es Alfredo Díaz. No soy alto ni bajo, un poco gordo. Tengo 56 años. Mi pelo ya es blanco, estoy un poco enfermo y no puedo trabajar mucho. En las tardes leo un libro y a veces veo la televisión. Soy casado y tengo 6 hijos.
3. ¡Qué onda! Yo soy Erik. Tengo 17 y estudio en la prepa, soy moreno y un poco alto. En mi tiempo libre escucho rock y tengo una chava bien bonita pero usa lentes.
4. ¡Qué tal! Me llamo Adriana Mora. Soy maestra de matemáticas. Soy blanca, un poco baja y gordita. Normalmente soy tranquila y amable pero ahora estoy enojada porque mis estudiantes no entienden las matemáticas. ¡Yo no sé porqué!

1. Respuesta: Es blanca, alta y delgada. Está feliz.
2. Respuesta: No es alto ni bajo, es un poco gordo. Está enfermo.
3. Respuesta: Es moreno y un poco alto. Está alegre.
4. Respuesta: Es blanca, un poco baja y gordita. Está enojada.

N. Complete el diálogo con los verbos en presente.

1. Están **2.** pasa **3.** vive **4.** viene **5.** está **6.** podemos **7.** estamos **8.** es **9.** tiene **10.** es **11.** tiene **12.** soy **13.** sé **14.** voy **15.** es **16.** tiene **17.** es **18.** está **19.** digo **20.** tengo **21.** es **22.** trabaja **23.** conoce **24.** quieren **25.** llega **26.** voy **27.** venimos **28.** necesito **29.** traes **30.** pongo.

UNIDAD 4

Escuche y llene los espacios:

Conversación A:

1. Treinta y cinco **2.** un cuarto **3.** quiere **4.** mejor **5. 75 6. 30%** 7. poco **8.** doy **9. 200 10.** medio **11.** de **12.** de

Escuche la grabación de las conversaciones B y C y antes de leer, conteste si es verdadero o falso:

1. V   5.V
2. V   6. F
3. F   7. F
4. F   8. F

A. Relacione las frutas y verduras con la lista de abajo:

26. Manzana	**33**. Naranja	**24**. Pera	**22**. Uvas
20. Plátano	**18**. Piña	**16**. Sandia	**14**. Lechuga
12. Limón	**10**. Papaya	**8**. Zanahoria	**6**. Pepino
3. Chile	**28**. Pimiento	**2**. Papa	**4**. Coliflor
27. Ajo	**7**. Jitomate	**9**. Hongo	**11**. Cebolla
15. Chile Poblano	**17**. Fresa	**19**. Mango	**21**. Calabaza
23. Maíz	**25**. Kiwi	**5**. Aguacate	**1**. Durazno

C. Encierre en un círculo las respuestas correctas:

1. Estos/ grises **2**. Aquel/ buen estudiante **3**. Estas/ dulces **4**. Aquella/bonito **5**. Esos/ felices en la escuela

E. Conteste negativamente:

1. No, no es mía, es suya. **2**. No, no es suyo, es mío. **3**. No, no es suya, es mía. **4**. No, no son suyas, son mías. **5**. No, no son mías, son suyas. **6**. No, no son suyos, son míos. **7**. No, no es suya, es mía. **8**. No, no son míos, son suyos. **9**. No, no es mío, es suyo. **10**. No, no son mías, son suyas.

F. Conteste con también o tampoco:

1. Yo también **2**. Yo tampoco **3**. Yo también **4**. Yo tampoco **5**. Yo también **6**. Yo tampoco

J. Escuche y conteste con sus propias palabras. Si tiene dudas consulte los diálogos del principio:

Conversación A: las respuestas pueden variar o se puede repetir el diálogo inicial de la unidad.

DEPARTAMENTO DE SALCHICHONERÍA

E: Tome un turno, por favor. (Después...). Número 35...

E: A sus órdenes, ¿qué va a llevar? (su respuesta)

E: ¿Lo quiere cocido, de pierna, horneado...? (su respuesta)

E: ¿Qué marca le pongo? (su respuesta)

E: ¿Quiere probar ésta? Es buena y está en oferta. ¡Aproveche! (pregunte por el precio)

E: $75 pesos el kilo, menos el 30% (por ciento) de descuento. (su respuesta)

E: ¿Cómo quiere las rebanadas, delgadas o gruesas? (su respuesta)

E: ¿Así está bien? (su respuesta)

E: ¿Qué más le doy? (su respuesta)

E: ¿Algo más? (su respuesta)

E: ¿Viena o para coctel? (su respuesta y pregunta)

E: De pavo. ¿Es todo? (su respuesta)

E: ¿No va a llevar chorizo? Está muy bueno. (su respuesta)

E: Para servirle.

Conversación B: las respuestas pueden variar o se puede repetir el diálogo inicial de la unidad.

DEPARTAMENTO DEL HOGAR

(El alumno inicia la conversación con una pregunta)

E: ¡Ah! están en el departamento del hogar. (su pregunta)

E: Por este pasillo, derecho. O también hay en las cajas, cerca de la salida. (pregunte nuevamente, ahora por otro producto)

E: ¿Jabón líquido? ¿Para qué sirve? (su respuesta)

E: Eso está en el pasillo 3 junto a los jabones. (formule una nueva pregunta)

E: Sí, también los acondicionadores.

Conversación C: las respuestas pueden variar o se puede repetir el diálogo inicial de la unidad.

DEPARTAMENTO DE CAJAS

C: Buenas tardes, ¿encontró todo lo que buscaba? (su respuesta)
C: Bien. (Después...) ¿Esto es suyo también? (su respuesta)
C: ¿De quién es? (su respuesta)
C: Bien. ¿Va a pagar con vales, en efectivo o con tarjeta? (su respuesta)
C: Son $457.36 (cuatrocientos cincuenta y siete pesos con treinta y seis centavos). ¿Me regala una firma? Aquí tiene su ticket y su copia.
C: Gracias. No es necesario. Aquí tienes para un refresco (propina).

O. Escuche la grabación y llene el siguiente cuadro:

1. Salchichonería/ jamón de pierna/ 96 pesos/ 30% de descuento
2. Niños y niñas/ pantalones de mezclilla/ 45% de descuento
3. Frutas y verduras/ jitomate bola/ 12 pesos/ 4.50 el kilo
4. Perfumería/ shampoos/ varios precios/ al 2x1
5. Blancos/ toallas/ 117.50/ 15% de descuento
6. Libros y revistas/ libro ¿Con quién hablo?/ 250/ 10%

UNIDAD 5

Conversación A: EN LA ADUANA:

Marque si es verdadero – V, o falso – F:
1. V 2. F 3. F

Conversación B:

Marque si es verdadero – V, o falso – F:
1. V 2. F 3. V

Conversación C:

Marque la opción correcta con una X:

1. El Equipaje de la señora Di Gregorio: **no llego**
2. Las maletas de la señora Di Gregorio son: **3**
3. Las maletas grandes son: **Una negra y otra roja vino, ambas con rueditas.**
4. La maleta pequeña es: **Roja vino sin ruedas ni identificación.**
5. El número de vuelo fue: **767**
6. La señorita va a traer las maletas inmediatamente: **No**
7. La señora Di Gregorio está contenta con el buen servicio: **No**

Ejercicios

D. Escuche la grabación y llene el cuadro:

1. Continental Airlines anuncia la salida de su vuelo 1687 de las 20:30 horas con destino a la ciudad de Houston. Pasajeros favor de pasar a la sala 14B.
2. Iberia anuncia la salida de su vuelo 2767 de las 17:50 horas con destino a la ciudad de Madrid. Pasajeros favor de pasar a la sala 11A.
3. Delta Airlines anuncia la salida de su vuelo 1515 de las 0:05 horas con destino a la ciudad de Nueva York. Pasajeros favor de pasar a la sala 33C.
4. Japan Airlines anuncia la salida de su vuelo 1241 de las 11:20 horas con destino a la ciudad de Vancouver. Pasajeros favor de pasar a la sala 17.
5. Mexicana de Aviación anuncia la salida de su vuelo 412 de las 12 horas con destino a la ciudad de Guadalajara. Pasajeros favor de pasar a la sala 6.

1. Continental Airlines/ 1687/ 20:30/ Houston/ 14B
2. Iberia/ 2767/ 17:50/ Madrid/ 11A
3. Delta Airlines/ 1515/ 0:05/ Nueva York/ 33C
4. Japan Airlines/ 1241/ 11:20/ Vancouver/ 17
5. Mexicana de Aviación// 412/ 12/ Guadalajara// 6

E. Conteste. Use casi, más o menos, en punto, etc.:

Ejemplo de respuestas:

1. Las nueve veinticinco. **2.** Más o menos a las nueve treinta. **3.** Las ocho diez. **4.** Casi a las once cuarenta y cinco. **5.** La una quince. **6.** Casi a las **6** en punto. **7.** Casi quince para las tres. **8.** Más o menos a las ocho y cuarto. **9.** Las once treinta. **10.** Más o menos a las dos con tres minutos.

K. Relacione las columnas:

1. ch **2.** rr **3.** y **4.** e **5.** t **6.** ñ **7.** g **8.** q **9.** b **10.** p **11.** f **12.** x **13.** j **14.** n **15.** c **16.** a **17.** z **18.** zz **19.** s **20.** h **21.** u **22.** l / r **23.** u **24.** ll **25.** yy **26.** l / r **27.** q **28.** w **29.** o **30.** k **31.** v **32.** xx **33.** m

MODELOS DE CONJUGACIÓN

ATENDER							
PRESENTE	PRETÉRITO	COPRETÉRITO	PRESENTE CONTINUO	FUTURO	POSPRETÉRITO	PRESENTE SUBJUNTIVO	IMPERATIVO
atiendo	atendí	atendía	estoy atendiendo	atenderé	atendería	atienda	
atiendes	atendiste	atendías	estás atendiendo	atenderás	atenderías	atiendas	atiende / no atiendas
atiende	atendió	atendía	está atendiendo	atenderá	atendería	atienda	atienda
atendemos	atendimos	atendíamos	estamos atendiendo	atenderemos	atenderíamos	atendamos	
atienden	atendieron	atendían	están atendiendo	atenderán	atenderían	atiendan	atiendan

CERRAR							
PRESENTE	PRETÉRITO	COPRETÉRITO	PRESENTE CONTINUO	FUTURO	POSPRETÉRITO	PRESENTE SUBJUNTIVO	IMPERATIVO
cierro	cerré	cerraba	estoy cerrando	cerraré	cerraría	cierre	
cierras	cerraste	cerrabas	estás cerrando	cerrarás	cerrarías	cierres	cierra / no cierres
cierra	cerró	cerraba	esta cerrando	cerrará	cerraría	cierre	cierre
cerramos	cerramos	cerrábamos	estamos cerrando	cerraremos	cerraríamos	cerremos	
cierran	cerraron	cerraban	están cerrando	cerrarán	cerrarían	cierren	cierren

COLGAR							
PRESENTE	PRETÉRITO	COPRETÉRITO	PRESENTE CONTINUO	FUTURO	POSPRETÉRITO	PRESENTE SUBJUNTIVO	IMPERATIVO
cuelgo	colgué	colgaba	estoy colgando	colgaré	colgaría	cuelgue	
cuelgas	colgaste	colgabas	estás colgando	colgarás	colgarías	cuelgues	cuelga / no cuelgues
cuelga	colgó	colgaba	está colgando	colgará	colgaría	cuelgue	cuelgue
colgamos	colgamos	colgábamos	estamos colgando	colgaremos	colgaríamos	colguemos	
cuelgan	colgaron	colgaban	están colgando	colgarán	colgarían	cuelguen	cuelguen

CONOCER							
PRESENTE	PRETÉRITO	COPRETÉRITO	PRESENTE CONTINUO	FUTURO	POSPRETÉRITO	PRESENTE SUBJUNTIVO	IMPERATIVO
conozco	conocí	conocía	estoy conociendo	conoceré	conocería	conozca	
conoces	conociste	conocías	estás conociendo	conocerás	conocerías	conozcas	cenoce / no conozcas
conoce	conoció	conocía	está conociendo	conocerá	conocería	conozca	conozca
conocemos	conocimos	conocíamos	estamos conociendo	conoceremos	conoceríamos	conozcamos	
conocen	conocieron	conocían	están conociendo	conocerán	conocerían	conozcan	conozcan

COSTAR							
PRESENTE	PRETÉRITO	COPRETÉRITO	PRESENTE CONTINUO	FUTURO	POSPRETÉRITO	PRESENTE SUBJUNTIVO	IMPERATIVO
cuesta	costó	costaba	está costando	costará	costaría	cueste	
cuestan	costaron	costaban	están costando	costarán	costarían	cuesten	

CREER							
PRESENTE	PRETÉRITO	COPRETÉRITO	PRESENTE CONTINUO	FUTURO	POSPRETÉRITO	PRESENTE SUBJUNTIVO	IMPERATIVO
creo	creí	creía	estoy creyendo	creeré	creería	crea	
crees	creíste	creías	estás creyendo	creerás	creerías	creas	cree / no creas
cree	creyó	creía	está creyendo	creerá	creería	crea	crea
creemos	creímos	creíamos	estamos creyendo	creeremos	creeríamos	creamos	
creen	creyeron	creían	están creyendo	creerán	creerían	crean	crean

DAR							
PRESENTE	PRETÉRITO	COPRETÉRITO	PRESENTE CONTINUO	FUTURO	POSPRETÉRITO	PRESENTE SUBJUNTIVO	IMPERATIVO
doy	di	daba	estoy dando	daré	daría	dé	
das	diste	dabas	estás dando	darás	darías	des	da / no des
da	dio	daba	está dando	dará	daría	dé	de
damos	dimos	dábamos	estamos dando	daremos	daríamos	demos	
dan	dieron	daban	están dando	darán	darían	den	den

DECIR							
PRESENTE	PRETÉRITO	COPRETÉRITO	PRESENTE CONTINUO	FUTURO	POSPRETÉRITO	PRESENTE SUBJUNTIVO	IMPERATIVO
digo	dije	decía	estoy diciendo	diré	diría	diga	
dices	dijiste	decías	estás diciendo	dirás	dirías	digas	di / no digas
dice	dijo	decía	está diciendo	dirá	diría	diga	diga
decimos	dijimos	decíamos	estamos diciendo	diremos	diríamos	digamos	
dicen	dijeron	decían	están diciendo	dirán	dirían	digan	digan

DORMIR							
PRESENTE	PRETÉRITO	COPRETÉRITO	PRESENTE CONTINUO	FUTURO	POSPRETÉRITO	PRESENTE SUBJUNTIVO	IMPERATIVO
duermo	dormí	dormía	estoy durmiendo	dormiré	dormiría	duerma	
duermes	dormiste	dormías	estás durmiendo	dormirás	dormirías	duermas	duerme / no duermas
duerme	durmió	dormía	está durmiendo	dormirá	dormiría	duerma	duerma
dormimos	dormimos	dormíamos	estamos durmiendo	dormiremos	dormiríamos	durmamos	duerman
duermen	durmieron	dormían	están durmiendo	dormirán	dormirían	duerman	

ENCONTRAR							
PRESENTE	PRETÉRITO	COPRETÉRITO	PRESENTE CONTINUO	FUTURO	POSPRETÉRITO	PRESENTE SUBJUNTIVO	IMPERATIVO
encuentro	encontré	encontraba	estoy encontrando	encontraré	encontraría	encuentre	
encuentras	encontraste	encontrabas	estás encontrando	encontrarás	encontrarías	encuentres	encuentra / no encuentres
encuentra	encontró	encontraba	está encontrando	encontrará	encontraría	encuentre	encuentre
encontramos	encontramos	encontrábamos	estamos encontrando	encontraremos	encontraríamos	encontremos	
encuentran	encontraron	encontraban	están encontrando	encontrarán	encontrarían	encuentren	encuentren

ENTENDER							
PRESENTE	PRETÉRITO	COPRETÉRITO	PRESENTE CONTINUO	FUTURO	POSPRETÉRITO	PRESENTE SUBJUNTIVO	IMPERATIVO
entiendo	entendí	entendía	estoy entendiendo	entenderé	entendería	entienda	
entiendes	entendiste	entendías	estás entendiendo	entenderás	entenderías	entiendas	entiende / no entiendas
entiende	entendió	entendía	está entendiendo	entenderá	entendería	entienda	entienda
entendemos	entendimos	entendíamos	estamos entendiendo	entenderemos	entenderíamos	entendamos	
entienden	entendieron	entendían	están entendiendo	entenderán	entenderían	entiendan	entiendan

ESTAR							
PRESENTE	PRETÉRITO	COPRETÉRITO	PRESENTE CONTINUO	FUTURO	POSPRETÉRITO	PRESENTE SUBJUNTIVO	IMPERATIVO
estoy	estuve	estaba		estaré	estaría	esté	
estás	estuviste	estabas		estarás	estarías	estés	está / no estés
está	estuvo	estaba		estará	estaría	esté	esté
estamos	estuvimos	estábamos		estaremos	estaríamos	estemos	
están	estuvieron	estaban		estarán	estarían	estén	estén

GUSTAR							
PRESENTE	PRETÉRITO	COPRETÉRITO	PRESENTE CONTINUO	FUTURO	POSPRETÉRITO	PRESENTE SUBJUNTIVO	IMPERATIVO
gusto	gusté	gustaba	estoy gustando	gustaré	gustaría	guste	
gustas	gustaste	gustabas	estás gustando	gustarás	gustarías	gustes	
gusta	gustó	gustaba	está gustando	gustará	gustaría	guste	
gustamos	gustamos	gustábamos	estamos gustando	gustaremos	gustaríamos	gustemos	
gustan	gustaron	gustaban	están gustando	gustarán	gustarían	gusten	

HACER							
PRESENTE	PRETÉRITO	COPRETÉRITO	PRESENTE CONTINUO	FUTURO	POSPRETÉRITO	PRESENTE SUBJUNTIVO	IMPERATIVO
hago	hice	hacía	estoy haciendo	haré	haría	haga	
haces	hiciste	hacías	estás haciendo	harás	harías	hagas	haz / no hagas
hace	hizo	hacía	está haciendo	hará	haría	haga	haga
hacemos	hicimos	hacíamos	estamos haciendo	haremos	haríamos	hagamos	
hacen	hicieron	hacían	están haciendo	harán	harían	hagan	hagan

HABER							
PRESENTE	PRETÉRITO	COPRETÉRITO	PRESENTE CONTINUO	FUTURO	POSPRETÉRITO	PRESENTE SUBJUNTIVO	IMPERATIVO
hay	hubo	había	está habiendo	habrá	habría	haya	

IR							
PRESENTE	PRETÉRITO	COPRETÉRITO	PRESENTE CONTINUO	FUTURO	POSPRETÉRITO	PRESENTE SUBJUNTIVO	IMPERATIVO
voy	fui	iba	estoy yendo	iré	iría	vaya	
vas	fuiste	ibas	estás yendo	irás	irías	vayas	ve / no vayas
va	fue	iba	está yendo	irá	iría	vaya	vaya
vamos	fuimos	íbamos	estamos yendo	iremos	iríamos	vayamos	vayan
van	fueron	iban	están yendo	irán	irían	vayan	

JUGAR							
PRESENTE	PRETÉRITO	COPRETÉRITO	PRESENTE CONTINUO	FUTURO	POSPRETÉRITO	PRESENTE SUBJUNTIVO	IMPERATIVO
juego	jugué	jugaba	estoy jugando	jugaré	jugaría	juegue	
juegas	jugaste	jugabas	estás jugando	jugarás	jugarías	juegues	juega / no juegues
juega	jugó	jugaba	está jugando	jugará	jugaría	juegue	juegue
jugamos	jugamos	jugábamos	estamos jugando	jugaremos	jugaríamos	juguemos	
juegan	jugaron	jugaban	están jugando	jugarán	jugarían	jueguen	jueguen

LEER							
PRESENTE	PRETÉRITO	COPRETÉRITO	PRESENTE CONTINUO	FUTURO	POSPRETÉRITO	PRESENTE SUBJUNTIVO	IMPERATIVO
leo	leí	leía	estoy leyendo	leeré	leería	lea	
lees	leíste	leías	estás leyendo	leerás	leerías	leas	lee / no leas
lee	leyó	leía	está leyendo	leerá	leería	lea	lea
leemos	leímos	leíamos	estamos leyendo	leeremos	leeríamos	leamos	
leen	leyeron	leían	están leyendo	leerán	leerían	lean	lean

LLEGAR							
PRESENTE	PRETÉRITO	COPRETÉRITO	PRESENTE CONTINUO	FUTURO	POSPRETÉRITO	PRESENTE SUBJUNTIVO	IMPERATIVO
llego	llegué	llegaba	estoy llegando	llegaré	llegaría	llegue	
llegas	llegaste	llegabas	estás llegando	llegarás	llegarías	llegues	llega / no llegues
llega	llegó	llegaba	está llegando	llegará	llegaría	llegue	llegue
llegamos	llegamos	llegábamos	estamos llegando	llegaremos	llegaríamos	lleguemos	
llegan	llegaron	llegaban	están llegando	llegarán	llegarían	lleguen	lleguen

LLOVER							
PRESENTE	PRETÉRITO	COPRETÉRITO	PRESENTE CONTINUO	FUTURO	POSPRETÉRITO	PRESENTE SUBJUNTIVO	IMPERATIVO
llueve	llovió	llovía	está lloviendo	lloverá	llovería	llueva	

				NEVAR			
PRESENTE	PRETÉRITO	COPRETÉRITO	PRESENTE CONTINUO	FUTURO	POSPRETÉRITO	PRESENTE SUBJUNTIVO	IMPERATIVO
nieva	nevó	nevaba	está nevando	nevará	nevaría	nieve	

				OIR			
PRESENTE	PRETÉRITO	COPRETÉRITO	PRESENTE CONTINUO	FUTURO	POSPRETÉRITO	PRESENTE SUBJUNTIVO	IMPERATIVO
oigo	oí	oíamos	estoy oyendo	oiré	oiría	oiga	
oyes	oíste	oías	estás oyendo	oirás	oirías	oigas	oye / no oigas
oye	oyó	oía	está oyendo	oirá	oiría	oiga	oiga
oímos	oímos	oíamos	estamos oyendo	oiremos	oiríamos	oigamos	
oyen	oyeron	oían	están oyendo	oirán	oirían	oigan	oigan

				PEDIR			
PRESENTE	PRETÉRITO	COPRETÉRITO	PRESENTE CONTINUO	FUTURO	POSPRETÉRITO	PRESENTE SUBJUNTIVO	IMPERATIVO
pido	pedí	pedía	estoy pidiendo	pediré	pediría	pida	
pides	pediste	pedías	estás pidiendo	pedirás	pedirías	pidas	pide / no pidas
pide	pidió	pedía	está pidiendo	pedirá	pediría	pida	pida
pedimos	pedimos	pedíamos	estamos pidiendo	pediremos	pediríamos	pidamos	
piden	pidieron	pedían	están pidiendo	pedirán	pedirían	pidan	pidan

				PENSAR			
PRESENTE	PRETÉRITO	COPRETÉRITO	PRESENTE CONTINUO	FUTURO	POSPRETÉRITO	PRESENTE SUBJUNTIVO	IMPERATIVO
pienso	pensé	pensaba	estoy pensando	pensaré	pensaría	piense	
piensas	pensaste	pensabas	estás pensando	pensarás	pensarías	pienses	piensa / no pienses
piensa	pensó	pensaba	está pensando	pensará	pensaría	piense	piense
pensamos	pensamos	pensábamos	estamos pensando	pensaremos	pensaríamos	pensemos	
piensan	pensaron	pensaban	están pensando	pensarán	pensarían	piensen	piensen

				PODER			
PRESENTE	PRETÉRITO	COPRETÉRITO	PRESENTE CONTINUO	FUTURO	POSPRETÉRITO	PRESENTE SUBJUNTIVO	IMPERATIVO
puedo	pude	podía	estoy pudiendo	podré	podría	pueda	
puedes	pudiste	podías	estás pudiendo	podrás	podrías	puedas	puede / no puedas
puede	pudo	podía	está pudiendo	podrá	podría	pueda	pueda
podemos	pudimos	podíamos	estamos pudiendo	podremos	podríamos	podamos	
pueden	pudieron	podían	están pudiendo	podrán	podrían	puedan	puedan

| PONER | | | | | | | |
PRESENTE	PRETÉRITO	COPRETÉRITO	PRESENTE CONTINUO	FUTURO	POSPRETÉRITO	PRESENTE SUBJUNTIVO	IMPERATIVO
pongo	puse	ponía	estoy poniendo	pondré	pondría	ponga	
pones	pusiste	ponías	estás poniendo	pondrás	pondrías	pongas	pon / no pongas
pone	puso	ponía	está poniendo	pondrá	pondría	ponga	ponga
ponemos	pusimos	poníamos	estamos poniendo	pondremos	pondríamos	pongamos	
ponen	pusieron	ponían	están poniendo	pondrán	pondrían	pongan	pongan

| PREFERIR | | | | | | | |
PRESENTE	PRETÉRITO	COPRETÉRITO	PRESENTE CONTINUO	FUTURO	POSPRETÉRITO	PRESENTE SUBJUNTIVO	IMPERATIVO
prefiero	preferí	prefería	estoy prefiriendo	preferiré	preferiría	prefiera	
prefieres	preferiste	preferías	estás prefiriendo	preferirás	preferirías	prefieras	prefiere / no prefieras
prefiere	prefirió	prefería	está prefiriendo	preferirá	preferiría	prefiera	prefiera
preferimos	preferimos	preferíamos	estamos prefiriendo	preferiremos	preferiríamos	prefiramos	
prefieren	prefirieron	preferían	están prefiriendo	preferirán	preferirían	prefieran	prefieran

| QUERER | | | | | | | |
PRESENTE	PRETÉRITO	COPRETÉRITO	PRESENTE CONTINUO	FUTURO	POSPRETÉRITO	PRESENTE SUBJUNTIVO	IMPERATIVO
quiero	quise	quería	estoy queriendo	querré	querría	quiera	
quieres	quisiste	querías	estás queriendo	queerás	querrías	quieras	quiere / no quieras
quiere	quiso	quería	está queriendo	querrá	querría	quiera	quiera
queremos	quisimos	queríamos	estamos queriendo	querremos	querríamos	queramos	
quieren	quisieron	querían	están queriendo	queerrán	querrían	quieran	quieran

| RENOVAR | | | | | | | |
PRESENTE	PRETÉRITO	COPRETÉRITO	PRESENTE CONTINUO	FUTURO	POSPRETÉRITO	PRESENTE SUBJUNTIVO	IMPERATIVO
renuevo	renové	renovaba	estoy renovando	renovaré	renovaría	renueve	
renuevas	renovaste	renovabas	estás renovando	renovarás	renovarías	renueves	renueva / no reenueves
renuevas	renovó	renovaba	está renovando	renovará	renovaría	renueve	renueve
renovamos	renovamos	renovábamos	estamos renovando	renovaremos	renovaríamos	renovemos	
renuevan	renovaron	renovaban	están renovando	renovarán	renovarían	renueven	renueven

| REPONER | | | | | | | |
PRESENTE	PRETÉRITO	COPRETÉRITO	PRESENTE CONTINUO	FUTURO	POSPRETÉRITO	PRESENTE SUBJUNTIVO	IMPERATIVO
repongo	repuse	reponía	estoy reponiendo	repondré	repondría	reponga	
repones	repusiste	reponías	estás reponiendo	repondrás	repondrías	repongas	repone / no repones
repone	repuso	reponía	está reponiendo	repondrá	repondría	reponga	reponga
reponemos	repusimos	reponíamos	estamos reponiendo	repondremos	repondríamos	repongamos	
reponen	repusieron	reponían	están reponiendo	repondrán	repondrían	repongan	repongan

SABER							
PRESENTE	PRETÉRITO	COPRETÉRITO	PRESENTE CONTINUO	FUTURO	POSPRETÉRITO	PRESENTE SUBJUNTIVO	IMPERATIVO
sé	supe	sabía	estoy sabiendo	sabré	sabría	sepa	
sabes	supiste	sabías	estás sabiendo	sabrás	sabrías	sepas	sabe / no sepas
sabe	supo	sabía	está sabiendo	sabrá	sabría	sepa	sepa
sabemos	supimos	sabíamos	estamos sabiendo	sabremos	sabríamos	sepamos	
saben	supieron	sabían	están sabiendo	sabrán	sabrían	sepan	sepan

SALIR							
PRESENTE	PRETÉRITO	COPRETÉRITO	PRESENTE CONTINUO	FUTURO	POSPRETÉRITO	PRESENTE SUBJUNTIVO	IMPERATIVO
salgo	salí	salía	estoy saliendo	saldré	saldría	salga	
sales	saliste	salías	estás saliendo	saldrás	saldrías	salgas	sal / no salgas
sale	salió	salía	está saliendo	saldrá	saldría	salga	salga
salimos	salimos	salíamos	estamos saliendo	saldremos	saldríamos	salgamos	
salen	salieron	salían	están saliendo	saldrán	saldrían	salgan	salgan

SENTAR(SE)							
PRESENTE	PRETÉRITO	COPRETÉRITO	PRESENTE CONTINUO	FUTURO	POSPRETÉRITO	PRESENTE SUBJUNTIVO	IMPERATIVO
siento	senté	sentaba	estoy sentando	sentaré	sentaría	siente	
sientas	sentaste	sentabas	estás sentando	sentarás	sentarías	sientes	sienta(te) / no (te) sientas
sientas	sentó	sentaba	está sentando	sentará	sentaría	siente	siénte(se)
sentamos	sentamos	sentábamos	estamos sentando	sentaremos	sentaríamos	sentemos	
sientan	sentaron	sentaban	están sentando	sentarán	sentarían	sienten	siénten(se)

SEGUIR							
PRESENTE	PRETÉRITO	COPRETÉRITO	PRESENTE CONTINUO	FUTURO	POSPRETÉRITO	PRESENTE SUBJUNTIVO	IMPERATIVO
sigo	seguí	seguía	estoy siguiendo	seguiré	seguiría	siga	
sigues	seguiste	seguías	estás siguiendo	seguirás	seguirías	sigas	sigue / no sigas
sigue	siguió	seguía	está siguiendo	seguirá	seguiría	siga	siga
seguimos	seguimos	seguíamos	estamos siguiendo	seguiremos	seguiríamos	sigamos	
siguen	siguieron	seguían	están siguiendo	seguirán	seguirían	sigan	sigan

SER							
PRESENTE	PRETÉRITO	COPRETÉRITO	PRESENTE CONTINUO	FUTURO	POSPRETÉRITO	PRESENTE SUBJUNTIVO	IMPERATIVO
soy	fui	era	estoy siendo	seré	sería	sea	
eres	fuiste	eras	estás siendo	serás	serías	seas	sé / no seas
es	fue	era	está siendo	será	sería	sea	sea
somos	fuimos	éramos	estamos siendo	seremos	seríamos	seamos	
son	fueron	eran	están siendo	serán	serían	sean	sean

SERVIR

PRESENTE	PRETÉRITO	COPRETÉRITO	PRESENTE CONTINUO	FUTURO	POSPRETÉRITO	PRESENTE SUBJUNTIVO	IMPERATIVO
sirvo	serví	servía	estoy sirviendo	serviré	serviría	sirva	
sirves	serviste	servías	estás sirviendo	servirás	servirías	sirvas	sirve / no sirvas
sirve	sirvió	servía	está sirviendo	servirá	serviría	sirva	sirva
servimos	servimos	servíamos	estamos sirviendo	serviremos	serviríamos	sirvamos	
sirven	sirvieron	servían	están sirviendo	servirán	servirían	sirvan	sirvan

SOÑAR

PRESENTE	PRETÉRITO	COPRETÉRITO	PRESENTE CONTINUO	FUTURO	POSTRETÉRITO	PRESENTE SUBJUNTIVO	IMPERATIVO
sueño	soñé	soñaba	estoy soñando	soñaré	soñaría	sueñe	
sueñas	soñaste	soñabas	estás soñando	soñarás	soñarías	sueñes	sueña / no sueñes
sueña	soñó	soñaba	está soñando	soñará	soñaría	sueñe	sueñe
soñamos	soñamos	soñábamos	estamos soñando	soñaremos	soñaríamos	soñemos	
sueñan	soñaron	soñaban	están soñando	soñarán	soñarían	sueñen	sueñen

TENER

PRESENTE	PRETÉRITO	COPRETÉRITO	PRESENTE CONTINUO	FUTURO	POSPRETÉRITO	PRESENTE SUBJUNTIVO	IMPERATIVO
tengo	tuve	tenía	estoy teniendo	tendré	tendría	tenga	
tienes	tuviste	tenías	estás teniendo	tendrás	tendrías	tengas	ten / no tengas
tiene	tuvo	tenía	está teniendo	tendrá	tendría	tenga	tenga
tenemos	tuvimos	teníamos	estamos teniendo	tendremos	tendríamos	tengamos	tengan
tienen	tuvieron	tenían	están teniendo	tendrán	tendrían	tengan	

TRAER

PRESENTE	PRETÉRITO	COPRETÉRITO	PRESENTE CONTINUO	FUTURO	POSPRETÉRITO	PRESENTE SUBJUNTIVO	IMPERATIVO
traigo	traje	traía	estoy trayendo	traeré	traería	traiga	
traes	trajiste	traías	estás trayendo	traerás	traerías	traigas	trae / no traigas
trae	trajo	traía	está trayendo	traerá	traería	traiga	traiga
traemos	trajimos	traíamos	estamos trayendo	traeremos	traeríamos	traigamos	
traen	trajeron	traían	están trayendo	traerán	traerían	traigan	traigan

VENIR

PRESENTE	PRETÉRITO	COPRETÉRITO	PRESENTE CONTINUO	FUTURO	POSPRETÉRITO	PRESENTE SUBJUNTIVO	IMPERATIVO
vengo	vine	venía	estoy viniendo	vendré	vendría	venga	
vienes	viniste	venías	estás viniendo	vendrás	vendrías	vengas	ven / no vengas
viene	vino	venía	está viniendo	vendrá	vendría	vengas	venga
venimos	vinimos	veníamos	estamos viniendo	vendremos	vendríamos	vengamos	
vienen	vinieron	venían	están viniendo	vendrán	vendrían	vengan	vengan

VER(SE)

PRESENTE	PRETÉRITO	COPRETÉRITO	PRESENTE CONTINUO	FUTURO	POSPRETÉRITO	PRESENTE SUBJUNTIVO	IMPERATIVO
veo	vi	veía	estoy viendo	veré	vería	vea	
ves	viste	veías	estás viendo	verás	verías	veas	ve / no veas
ve	vio	veía	está viendo	verá	vería	vea	vea
vemos	vimos	veíamos	estamos viendo	veremos	veríamos	veamos	
ven	vieron	veían	están viendo	verán	verían	vean	vean

PERSONA	Hoy Presente ar	er/ir	Ayer Pretérito ar	er/ir	Antes Copretérito ar	er/ir	Mañana Futuro ar/er/ir	A lo mejor, Mañana, Tal Vez, Después Pospretérito ar/er/ir	Que... Cuando... Espero que... Subjuntivo Presente ar	er/ir	Si... Subjuntivo Pasado ar	er/ir	Hasta Ahora Antepresente ar	er/ir	Por Favor Imperativo ar	er/ir
Yo	o	o	é	í	aba	ía	ré	ría	e	a	ara	iera	he ...ado, ido			
Tú	as	es	aste	iste	abas	ías	rás	rías	es	as	aras	ieras	has ...ado, ido		AF: a / AF: e / NEG: es / Neg: as	
Él Ella Usted	a	e	ó	ió	aba	ía	rá	ría	e	a	ara	iera	ha ...ado, ido		e / a	
Nosotros	amos emos imos		amos	imos	ábamos	íamos	remos	ríamos	emos	amos	áramos	iéramos	hemos ...ado, ido			
Ellos Ellas Ustedes	an	en	aron	ieron	aban	ían	rán	rían	en	an	aran	ieran	han ...ado, ido		AF: en / AF: an / NEG. En / NEG. an	

CONJUGACIÓN DE LOS VERBOS IRREGULARES MÁS COMUNES (YO)

Verbo	Presente	Pretérito	Copretérito	Futuro	Pospretérito	Subjuntivo Presente	Subjuntivo Pasado
Decir:	Digo	Dije	Decía	Diré	Diría	Diga	Dijera
Estar:	Estoy	Estuve	Estaba	Estaré	Estaría	Esté	Estuviera
Hacer:	Hago	Hice	Hacía	Haré	Haría	Haga	Hiciera
Ir:	Voy	Fui	Iba	Iré	Iría	Vaya	Fuera
Poder:	Puedo	Pude	Podía	Podré	Podría	Pueda	Pudiera
Poner:	Pongo	Puse	Ponía	Pondré	Pondría	Ponga	Pusiera
Querer:	Quiero	Quise	Quería	Querré	Querria	Quiera	Quisiera
Saber:	Sé	Supe	Sabía	Sabré	Sabria	Sepa	Supiera
Salir:	Salgo	Salí	Salía	Saldré	Saldria	Salga	Saliera
Ser:	Soy	Fui	Era	Seré	Seria	Sea	Fuera
Tener:	Tengo	Tuve	Tenía	Tendré	Tendría	Tenga	Tuviera
Traer:	Traigo	Traje	Traía	Traeré	Traería	Traiga	Trajera
Venir:	Vengo	Vine	Venía	Vendré	Vendría	Venga	Viniera
(IRREGULARES EN TERCERA PERSONA DEL SINGULAR)							
Corregir	Corrige	Corrigió	Corregia	Corregirá	Corregiría	Corrija	Corrigiera
Conseguir	Consigue	Consiguió	Conseguia	Conseguirá	Conseguiría	Consiga	Consiguiera
Dormir	Duerme	Durmió	Dormia	Dormirá	Dormiría	Duerma	Durmiera
Haber	Hay	Hubo	Habia	Habrá	Habría	Haya	Hubiera
Pedir	Pide	Pidió	Pedia	Pedirá	Pediría	Pida	Pidiera
Seguir	Sigue	Siguió	Seguia	Seguirá	Seguiría	Siga	Siguiera

IRREGULARES IMPERATIVO (TÚ)

	Afirmativo	Negativo
Decir:	Di	No digas
Hacer:	Haz	No hagas
Ir:	Ve	No vayas
Poner:	Pon	No pongas
Salir:	Sal	No salgas
Ser:	Sé	No seas
Tener:	Ten	No tengas
Traer:	Trae	No traigas
Venir:	Ven	No vengas
Ver:	Ve	No veas

GERUNDIOS

Decir	Diciendo
Dormir	Durmiendo
Ir	Yendo
Leer	Leyendo
Oír	Oyendo
Pedir	Pidiendo
Servir	Sirviendo
Venir	Viniendo
Ver	Viendo

PARTICIPIOS IRREGULARES MÁS COMUNES

Abrir	Abierto
Decir	Dicho
Escribir	Escrito
Hacer	Hecho
Imprimir	Impreso
Poner	Puesto
Romper	Roto
Ver	Visto